影響力を数値化
ヒットを生み出す

共感マーケティングのすすめ

Beyond the Influencer Marketing

LIDDELL株式会社 代表取締役 CEO
福田晃一

日経BP社

影響力を数値化
ヒットを生み出す

共感マーケティングのすすめ

Contents

なぜマーケティングに共感が必要なのか

はじめに。
この本を読み進めてくださるあなたの共感を得られることを、心から願ってやみません。

この本を手に取ってくださった人の中には、「インフルエンサーや共感のマーケティングとは抽象的だな」と思う方もいらっしゃるかもしれません。なぜ冒頭でこんな事をわざわざ言いだしたのかというと、日々の仕事の中でこれまで実に頻繁に言われてきたことだからなのです。

それくらい、まだインフルエンサーを活用した広告やマーケティングは現場で市民権を得ていないのです。特に、デジタルマーケティングの発展により明確な数値計測が当たり前となった今、インフルエンサーがＳＮＳという場から作るこの独特な曖昧さ、ずばりと定義できない不確実性が、大いに人を戸惑わせているゆえんなのでしょう。

あまりにも日々、このような疑問をぶつけられることが続き、私のなかでもＳＮＳを採用すべき理由と、その効果指標をすっきり明確なものにしたい！という欲求がふつふつと湧き上がるようになっていきました。

その正体こそが、本書で解明している「共感」であり、そしてこの曖昧模糊とした「共感」を、担当者の経験則や勘に頼らず誰にでも同じ指標で計測できることの必要性を痛感し、「共感指数」を誕生させる動機に至りました。

「２０１８年現在、ＳＮＳにたくさんの〝人〟が集まっている」これは単純明快です。

これまでもテレビや新聞の発展は、媒体自体の特性のほかにたくさんの視聴者や読者の存在が不可欠でした。そこに人がいること、それがメディアの影響力としてまず一番大きなパワーです。ターゲットとなる人がいるからこそ、マーケティングや広告の施策を扱う場として成立しているわけです。これも単純明快で、企業が動かしたいのは生活者である「人」だからです。

そしてSNSには、その「人」に大きな影響を与える人、「インフルエンサー」が存在し、インフルエンサーを基軸としたマーケティングを行うことも私にとっては単純明快な発想でした。

本書では特にインスタグラムに焦点を当てていますが、インスタグラム上の投稿が「誰かの体験の結果」であること、これは欠かせない大きなポイントです。

そして、もうひとつ。「体験して投稿」するからには、その前に「購入」が含まれている場合が多いということです。そのため、SNSのみならず現実のマーケットにも目に見える売れ行きとして結果を残すことになります。

SNSには生活者のこうした独自の行動様式があふれているのです。

なぜマーケティングに共感が必要なのか

どんなに時代が変わろうと、テクノロジーが進化しようと、売買の基本だけは変わることがありませんでした。それは、商いは人と人との間で起こるということ。たとえ飲み物を自動販売機で買う、ネットで本を注文するといった、一見、売り手の顔が見えない行為であっても、売買は、「売りたい」という人と「買いたい」という対になった関係がなければ起きない事象です。

ボタンひとつ、クリックひとつで購入しているように見えて、そこに行き着くには複雑で巧妙な物語が人それぞれにあります。

売りたいと考える人は、選ばれるために様々な手段を講じます。そして、売るために「買いたいと思わせる相対的な好意」の創出を目指します。誰にでも通用する絶対的な〝好意〟ではなく、人それぞれが感じる相対的な〝好意〟を作り出すことが必要となります。

マーケティングとは、こうした人それぞれの好意を作るための戦略的活動の総称だと考えています。しかし、人それぞれの好意を作るには、情報や生活様式などが多様化している現在、困難の一途をたどっています。

特に近年は、商品やサービスの質・価格・デザイン・手に取りやすさなども、昔に比べてクオリティーが平均化しているため、マーケティングの手法が販売実績を大きく左右する例も珍しくありません。マーケターは、まだこの商品を知らない人、知っていても手を伸ばそうとまではしない人に、どう気付いてもらい、買ってもらうかを競ってきました。

さらに、インターネット、SNSが消費者それぞれの細分化された好みに対する情報を満たすようになり、益々マニア化していく好みを満たしてほしいという欲望へと昇華させています。SNSは、この多様化した嗜好を共感によって結ばれたコミュニティーでの価値観としてまとめ上げる基盤として捉えることができます。

そうした現実に考え方をシフトさせ、「新たなマーケティング」を模索すべきときなのです。

この新たなマーケティングにとって、〝売る〟ことはプロセスでしかなく、その先をゴールとして目指すものです。新たなマーケティングの真のゴールとは、「消費の先にある共感」を生み出し続ける仕組みです。

ここで言う共感とは、自分の嗜好に合っていて、購入したことが「間違っていなかった」という自分への納得です。これは売り手への信頼にもつながります。この共感こそ、次の消費のきっかけとなり得るのです。

前述した、多様化した嗜好の中で人それぞれが感じる相対的な〝好意〟をつくるというのがこの共感にあたるのですが、現実社会では膨大すぎる情報量のため、全方位をマーケティングで捉えるということはきわめて困難です。そうした、捉えることが難しい共感という暗黙知であっても、インスタグラムというＳＮＳによって、形式知への変換に希望が見いだせるのです。

インスタグラムは、嗜好という価値観を写真・画像というビジュアルコミュニケーションによって直感的に伝えることができます。さらに、「同じ価値観を持ったフォロワーで繋がるコミュニティー」という大きな特性を活かすことでそこに集まる人々を〝1つ〟にまとめ上げるのです。これにより、インスタグラムの世界で共感をマーケティングの力として使うことが可能になるのです。

インスタグラムで共感は、新たな消費と新たな消費者を呼び起こす誘因としても作用します。そのうえで消費者自らがプロモーター（宣伝者）となり、共感を創り出すといった〝影響〟を与え始めます。生活者が消費というプロセスを経てプロモーター（宣伝者）になったとき、そこにはやはり次の共感が生まれてくるのです。

新たなマーケティングが目指すべきは、こうした「共感の連鎖」を起こすことではないでしょうか。

共感とは、人の心に意図せず無意識的に湧き上がる感情でもあります。共感しようと思うから共感するのではなく、何か行為を受けて自然に誘発されるのが共感という心の動きです。

では、共感は何によって起こるのか、どうしたら起こせるのか、共感に必要な条件は何か、そしてこれらをつかさどる支点や力点はどう作用し、どこまで範囲が及ぶのかを数字で表すことはできるのか？

私は、インスタグラムという共感のうねりを体感できるプラットフォーム上で、その共感の創生と拡散のメカニズムを明らかにしようと試み、試行錯誤を重ね、共感指数というインスタグラムにおける投稿を評価するひとつの指標の片鱗にたどり着きました。

本書では、その共感指数と、共感に基づいたインスタグラムにおけるインフルエンサーマーケティングについて述べています。

インフルエンサーマーケティングとは、他者により多くの影響を与え、より多くの共感を呼び覚ますことのできる、影響力をもった人たちが介在するマーケティング手法で、これそのものは、それほど珍しいものではありません。

ただ、共感を因数分解し本質的な最小のひとつまで考え抜けば、最高のマーケティング手段と成り得る大きな可能性を感じています。

最後までお読みいただければ、インスタグラムにおけるインフルエンサーマーケティングの基本と活況を理解し、共感マーケティングの黎明を感じていただけると思います。

さっそくチャプター1では、インフルエンサーマーケティングによって実際に起きたひとつのムーブメントを例にとり、具体的な話を進めてまいりましょう。

なぜ、マーケティングに「インフルエンサー」が必要か

・マスメディアを超える告知効果をインフルエンサーが生み出す
・フォロワー数だけでは測れない、インフルエンサーの実力

すでに効果を上げている インフルエンサーマーケティング

52人のインスタグラマーを招待して2億円の広告効果

まず、インフルエンサーマーケティングの成功事例をご紹介します。

2017年12月の13日間、リデルは東京・表参道で『VINYL MUSEUM』（ビニール・ミュージアム）というイベントを催しました。これは、若い女性に好まれそうなアートを鑑賞するだけでなく、そのアートの中に入り込み、その様子を自ら撮影できる〝共感型フォトジェニックアート展〟です。入場者は各8つのブースとウォールに分かれたこの空間で、自由に写真を撮影し、インスタグラムに投稿できます。入場料は1500円で、滞在可能な時間は45分間、1回あたりの定員を50人に設定しました。

私たちはこのイベントのプロモーションを、インスタグラムでのインフルエンサーマーケティングだけで行いました。

具体的には、正式オープン前のレセプションに、52人の影響力のあるインスタグラマーを招待し、自由に撮影と投稿をしてもらったのです。

その結果、開催期間の13日間で、延べ5500人が来場しました。

このことは、2つの面で、インスタグラムというSNSの底力を物語っています。

ひとつは、インスタグラムで見たものを、自分も体験したいという欲求の強さ。もともと内在するその欲求は、1500円という入場料を支払ったことで、撮れるだけ写真を撮り、できるだけ投稿したいという気持ちをかきたてます。そしてもうひとつは、インスタグラムを起点としたインフルエンサーマーケティングにおける効果の大きさです。

招待した52人のインフルエンサーに私たちが依頼したのは、写真の投稿時には「#VINYL MUSEUM」というハッシュタグを付けることくらいです。すると、その投稿を見た52人のインフルエンサーのフォロワーや、そのフォロワーのフォロワーたちが関心を持ち、実際にVINYL MUSEUMに足を運んだだけでなく、インスタグラムで話題になっていることを知ったテレビ局(2局)やWeb(250媒体)、雑誌が紹介し、より多くの人にそのイベントの存在が伝わりました。もしもインスタグラムを使わずに、従来の手法で、同じ数のテレビ番組やＷｅｂで取り上げてもらおうと思ったら、莫大な広告費がかかります。私たちの試算では、その金額は約2億円です。

では、従来のマーケティング手法に実際に2億円を投じたとしたらどうなっていたか。それをうかがうデータがあります。

ＶＩＮＹＬ ＭＵＳＥＵＭ来場者へのアンケートによると、このイベントの開催を知ったのはインスタグラムと答えた人が全体の73％に上ります。それに比べ、テレビを見て来た人はわずか８％。これは、テレビなどのマスメディアを中心とした従来の手法に2億円を使っていたとしたら、来場者数は５００人ほどでしかなかったということを意味します。

ところが、52人のインフルエンサーを起点としたことで、コストは最低限に抑えられ、５０００人近い来場者のほぼ全員が、インスタグラムで宣伝をしてくれました。なお、来場者の平均フォロワー数は２５４９でした。開催期間が終わってもなお、「＃ＶＩＮＹＬ ＭＵＳＥＵＭ」がついた投稿は続いています。

13日間の開催期間中、来場者によるインスタグラムでのリーチ数は約２０００万に達しました。広告費に換算すると約1億円に相当します。来場者がインスタグラムを通じて

VINYL MUSEUMに来場したインスタグラマーの投稿

VINYL MUSEUMに設置した「演出空間」のひとつ

新たな来場者を呼ぶという、増殖を伴う循環がこうした結果をもたらしました。

フォロワーが多ければいいインフルエンサーというわけではない

インフルエンサーとは、広義では世間に与える影響力が大きい行動をする人物のことを指します。タレントの渡辺直美さんには800万超の、やはりタレントのローラさんには500万超のフォロワーがいます。木村拓哉さんと工藤静香さんの次女、Ｋｏｋｉ，さんがアカウントを開設したときには、わずか5日間で50万フォロワーを超えたことが話題になりました。

しかし、フォロワーの多いインフルエンサーである彼女たちが、マーケターから見て魅力的なインフルエンサーかというと、必ずしもそうではありません。

「人が人に与える影響」をデジタルで活かす

むしろ、彼女たちより2桁も3桁もフォロワーが少なく、テレビに出演しているわけでもないのに、時間をかけて工夫をしながらコツコツとフォロワーを増やしてきた一般のインスタグラマーの方が、より強力なインフルエンサーたり得ることも多いのです。

強力とは、そうしたインフルエンサーを活用した方が、狙ったターゲットに向けてより低コストで、より効果的にマーケティングできるということです。

これ以降この本では、メインの活躍の舞台がインスタグラムなどのSNSで、フォロワーに強く共感される人のことを「インフルエンサー」と呼びます。したがって、渡辺直美さんやローラさん、Koki,さんは、本書でいうところのインフルエンサーではありません。彼女たちのメインの活躍の舞台はインスタグラム以外のところにあり、その活躍の余波で、多くのフォロワーを得ているからです。

ではなぜ、今のマーケティングに、インフルエンサーを活用すべきなのか。

その理由は、ここ20年の急激な時代の変化と、その中でも変わらなかったマーケティングの本質にあります。

インターネットと個人の20年

日本でパソコンおよびインターネットの一般化が始まったのは1998年です。米マイクロソフトが開発した基本ソフト『ウインドウズ98』とそれを搭載したパソコン、米アップルからは丸みを帯びたボディーが特徴的な『iMac』が発売され、家庭でのパソコンやインターネット利用が珍しいものではなくなりました。翌1999年にはNTTドコモの『iモード』サービスが始まり、人はどこにいてもインターネットに接続し、メールのやりとりができるようになりました。個人でのインターネット利用が本格化したのです。

当初は、既知の人同士のコミュニケーションや、企業などがホームページで発信する情報を閲覧する、あるいは『2ちゃんねる』のような掲示板で情報交換するとい

機能実装の背景にあるSNSユーザーの成熟

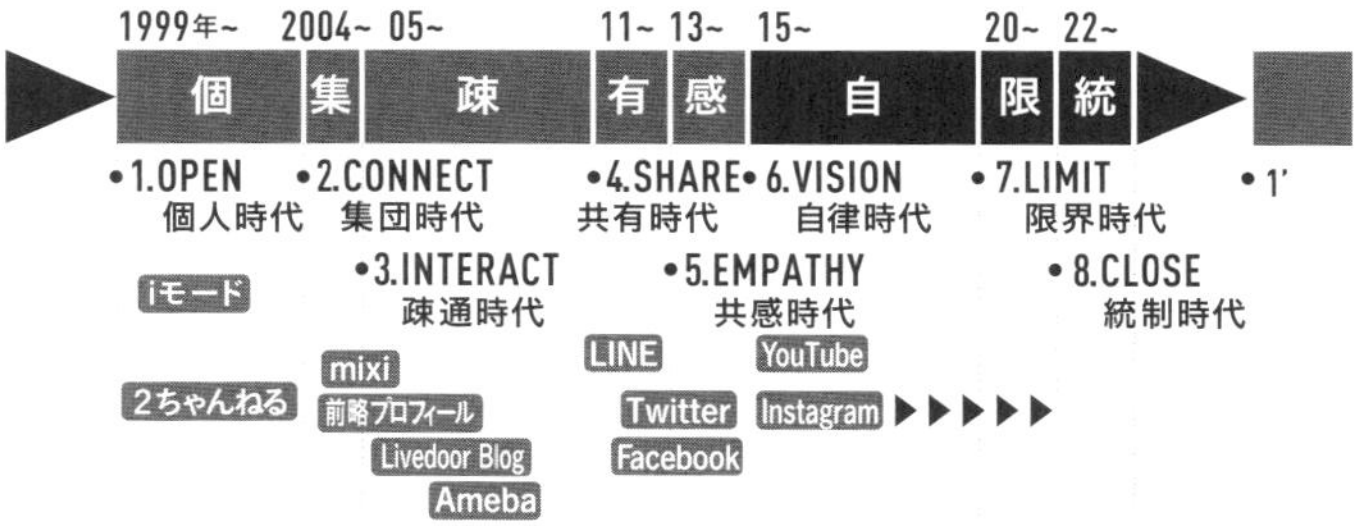

1999年にサービス開始された「iモード」から
始まるこの20年間はSNSというものに対しての
「個人」の準備期間であり、「共感」を得た「個人」は
SNS内での自らのポジションを確立し自立・自律し自己実現を果たしていく。

う使い方が主流でした。しかし、個人でもホームページを持つ環境が整い始めると、ようやく個人が、自発的に情報を発信するようになります

そこに交流という要素が加わるのが、２００４年です。この年にサービスを開始した『ミクシィ』はユーザー数を爆発的に増やしました。それまでは知らなかった相手とも、同じ趣味などの共通点を持つ人たちが、人格を持ってコミュニティーでつながり始めたのです。この年には「前略プロフィール」もサービスを開始し、主に学生に利用されるようになりました。

このつながりの舞台はその後、『ライブドアブログ』や『アメーバブログ』の登場により、ブログへとシフトしていきます。ブログは情報発信の場でもありますが、コメント欄で繰り広げられていたのは交流でした。

２００８年に、『ツイッター』と『フェイスブック』が日本語化し、ＳＮＳの時代が幕を開けると、ユーザーはそこでシェア(共有)するようになりました。シェアの対象は主に情報です。どこで何があった、自分は何をしたというものが中心です。しかし、インスタグラムの場合は少し異なります。シェアされているのは価値観なのです。これがいいと思う、私はこれが好きだという感情を、簡単に自分のフォロワーに知らせることができるよ

うになりました。これは結果的に、ユーザーの中にあった自分の感性に共感してほしいという欲求を刺激します。自分の感性への承認欲求を満たす主戦場を『ユーチューブ』に求めた人はユーチューバーに、そして、『インスタグラム』に求めた人はインスタグラマーと呼ばれるようになっています。

こうした過去を振り返ると、20年を経て、インターネットにおける個人は成熟の一途をたどっています。個人が集団を作り、細々と交流してつながり、情報を共有するようになり、それに対する共感が生まれます。そうした時代を経て、個人は今、デジタル空間で自立を始めました。

おそるおそる知人とのコミュニケーションや情報収集のために使われ始めたツールは、今やSNSユーザーにとって、アイデンティティーの表現と、その影響力を測るツールにもなっているのです。

共感の舞台はアナログからデジタルへ

この20年間で、個人のインターネットの使い方は大きく変わりました。

しかし、その一方で変わっていないこともあります。それは、人は人から多大なる影響を受けるということです。

　１９８９年にそれまでの『ファッションコミュニティ１０９』が『ＳＨＩＢＵＹＡ１０９』に名称を改めた頃から、若者のトレンドは東京・渋谷から発信されるようになりました。その発信の担い手は、ギャルと呼ばれる若い女性たちであり、彼女たちに服を販売するカリスマ店員たちでした。当時、若い女性の間では、カリスマ店員がインフルエンサーだったのです。また、カリスマ店員は、雑誌に登場するファッションモデルに比べると、親しみやすい存在でした。いわば、会いに行けるアイドルならぬファッションモデルが、彼女たちカリスマ店員だったのです。

　するとほどなくして、若い読者の多い雑誌

アナログとデジタルの変遷

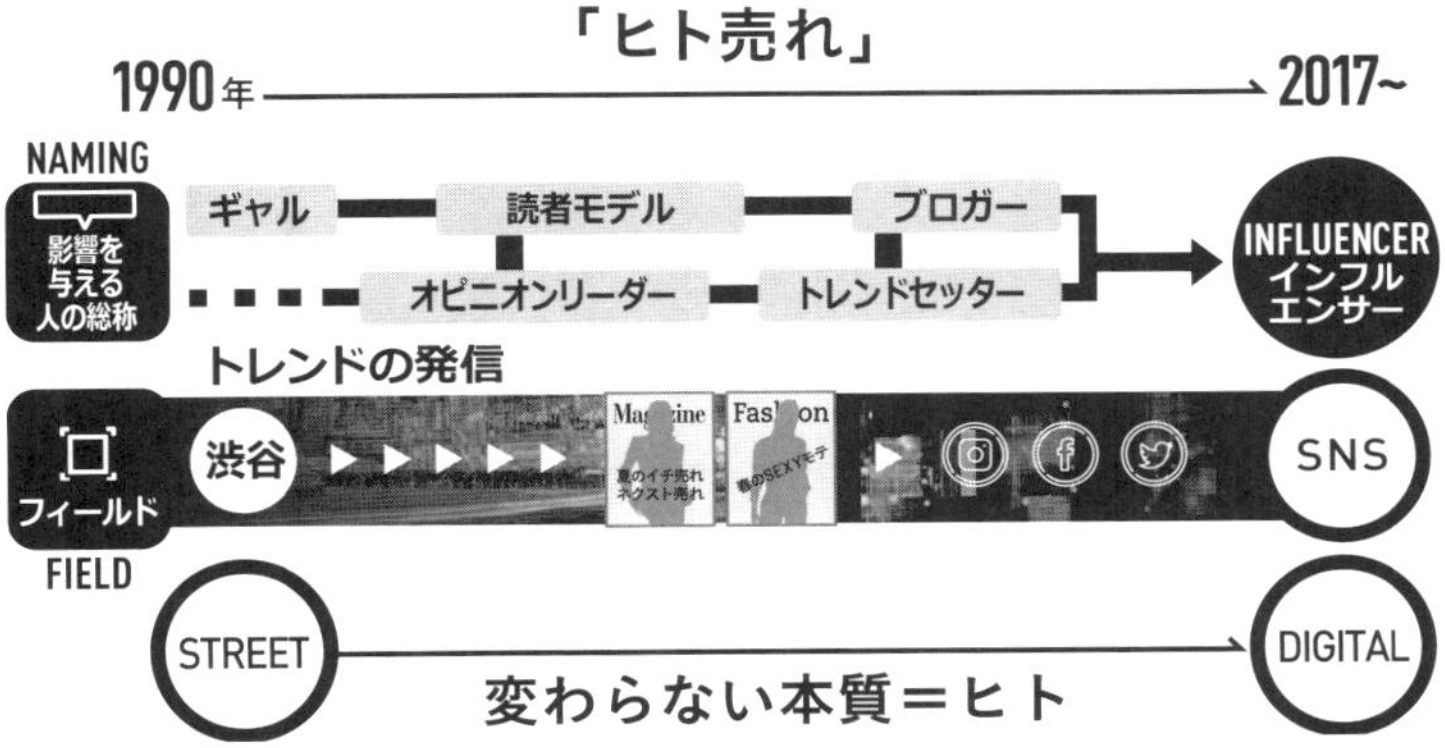

消費者に影響を与える場はアナログからデジタルへと移り変わった

にも親しみやすい、等身大のモデルが登場するようになります。読者モデルの誕生です。時期的には、個人がインターネットを使うようになった頃です。

本業は学生や社会人で、副業としてモデル活動をする人たちが誌面に登場し、編集方針に則ってアパレルブランドの最新作に身を包んで微笑むだけでなく、好きなファッションや愛用のコスメなどについても言及し、読者の消費行動に多大な影響を与えました。

その後、22ページで書いたような時代の変化を受けて、等身大のファッションリーダーはインターネット上にも登場します。アルファブロガーの登場です。この言葉が使われるようになった2000年代半ばには、購入したファッションアイテムをブログで紹介したり、コーディネートを披露する人たちが目立つようになり、また、その人たちを真似て買い物をしたり、その日の装いを決める人も出てくるようになりました。

影響を与え、与えられる場は、こうしてアナログからデジタルへと遷移してきました。しかし一方で変わらないこともあります。それは、人は人から影響を受けるということです。

いつの時代も人は人から影響を受ける

等身大のトレンドセッターはこれまで、時代やその活動の本拠地によって、ギャルやカリスマ店員、読者モデル、そしてアルファブロガーと呼ばれてきました。インフルエンサーもこの系譜に連なる存在です。インスタグラムなどのSNSを本拠地に、フォロワーやその先にいる人たちに影響を与えるのが、インフルエンサーです。

この、人が人に影響を与えるという構図は、時代や舞台が変わっても、変化するものではありません。そして、これこそがマーケティングの本質です。ものを売り、そして買ってきたのは、人なのです。

ただ、過去のトレンドセッターとインフルエンサーには明らかな違いがあります。厳密に言えば、明らかに異なるのは、インフルエンサーに共感し、影響を受ける側です。カリスマ店員や読者モデルに影響を受けていた人たちは、彼女たちと同じ服を買い、着ていました。同じコスメを買い、同じメイクをしていました。影響は、受ける一方だったのです。

しかし、今は誰もが簡単にSNSで感性を表現するようになり、その感性への共感を求めるようになりました。服やコスメを買い、それを試しただけでは満足せず、自分に知らなかったものをシェアし、影響を与えてくれた人と同じように、誰かにシェアし、影響を与えたいと考え、行動するようになりました。

消費者は自ら、プロモーターになろうとしているのです。

このチャプターの最初に紹介したVINYL MUSEUMのケースにも、こうした連鎖が見えます。

私たちが招待したインフルエンサーは52人です。そのインフルエンサーがVINYL MUSEUMで撮影した写真を投稿したことで、それを見た人たちがVINYL MUSEUMを訪れ、同じように写真を撮り投稿します。するとこの時点で、52人のインフルエンサーに共感し、その行動を真似たフォロワーは、影響力に差はあるかもしれませんが、それでもインフルエンサーになっています。その新たな投稿は、最初の52人の投稿では見なかった人、見たけれど、それだけでは共感できなかった人に対して、共感を呼ぶためのアクションとして作用するからです。

インフルエンサーマーケティングは、こうした新しい連鎖を活用し、より小さなエンジンでより広くより深く、共感を生み出すマーケティングの手法です。

Chapter 01 > なぜ、マーケティングに「インフルエンサー」が必要か

「共感」がもたらす新しい消費の広がり

- 消費者×プロモーターのプロシューマーを作り出す「起」「承」「転」「結」
- 共感を原動力にして生まれる〝雰囲気売れ〟

インフルエンサーマーケティングに不可欠なプロシューマー

純粋な消費者はもういない

チャプター1で挙げたVINYL MUSEUMでの例からもわかるように、今、消費者は消費者のままで居続けようとはしていません。いいもの、誰かに勧めたいものに触れたときには、自ら率先し、自分のインスタグラムのアカウントを使って、プロモーターへと変貌を遂げます。企業にとっては消費者でもありプロモーターでもあるこうした人たちのことを、私たちはプロシューマー（プロモーター×コンシューマー）と呼んでいます。

従来のマーケティングが、企業から生活者、すなわち自社商品の消費者候補を消費者に変えるための働きかけであるのに対し、インフルエンサーマーケティングは、それに留まらず、別の生活者への自発的な働きかけをするプロシューマーを生み出すプロセスまで内包するマーケティングなのです。

インフルエンサーマーケティングを行う企業は、商品を売りサービスを使ってもらうという消費や、同じ消費者にもう一度、二度と消費してもらうリピートをゴールに設定するべきではありません。

インフルエンサーマーケティングの結果、どれだけ商品が売れたとしても、プロシューマーが自発的にインフルエンスしないようであれば、そのインフルエンサーマーケティングは失敗です。その先にいるはずだった、より多くの生活者にアプローチしきれていないからです。

では、インフルエンサーマーケティングのゴールはどこに設定するべきかというと、より多くのプロシューマーを介しながら、その商品やサービスへの共感を最大化することです。

したがって、企業からすると、いかにして生活者をプロシューマーとしていくかが、インフルエンサーマーケティングを成功させるための第一歩と言えます。

では、いかにして生活者はインスタグラム上でプロシューマーになっていくのでしょうか。

そこには、起承転結があります。

プロシューマーを生み出す起承転結

『起』とは、発見です。インスタグラムの自分のフィード画面（タイムライン）や検索結果、インスタグラム側が提示する「おすすめ画面」などから、主に画像をきっかけに、いいなと思う投稿にたどり着きます。この時点ですでに、その投稿をした人と発見者との間に、共感が生まれています。

その画像には大抵の場合、キャプションやハッシュタグが添えられています。キャプションとはその画像の説明文であり、ハッシュタグとは、説明文の要素も持ち合わせた、その投稿のための検索キーワードです。ひとつのハッシュタグ経由で、同じハッシュタグが付いた別の投稿を簡単に参照できます。

そうしてひとつの投稿を離れてほかの投稿を参照してみると、同じような投稿をしている人がほかにもたくさんいることに気付かされます。

これが『承』です。自分が見つけたばかりで共感したばかりのものは、すでに多くの人によって楽しまれ、盛り上がっていることに気が付くのです。すると、次は自分もやってみたいと思うようになります。こうした心境の変化は、インスタグラムの外でもたびたび起こることです。何気なく通りかかった店の前にできている行列に並びたくなる心理と同じです。

そして『転』は、実際にその行列に加わり、ものを買ったり体験したりすることです。インスタグラムでいえば、画面の中で見たものを実際に購入すること、紹介されていた場所に出かけて行くことなどといった行動が、これに当たります。

『承』がすぐに『転』になるケースと、そうでないケースがあります。発見し、共感したものが期間限定のものや季節感の高いものであれば時間はさほどかかりません。しかし、高価なもの、いろいろな候補から時間をかけて選びたいものなどが対象の場合は、機が熟すのを待つこともあります。

従来のマーケティングのゴールは、この『転』でした。しかし、インフルエンサーマーケティングの場合は続きがあります。

それが『結』です。そして、この『結』は次なる『起』でもあります。これが、生活者がプロシューマーになるまでの起承転結の循環です。

こうして導かれたひとつの『結』は、そのシェアを目にしたほかの誰かにも『起』をもたらします。この現象は、同時多発的に起こります。その結果、起承転結というプロシューマー誕生までの過程が増殖し、プロシューマーが増えていきます。

共感が広がれば ものは売れる

売れているという雰囲気が起承転結を増殖させる

一人の人の『結』が、別の複数の人の『起』となる。これが、インフルエンサーマーケティングの特徴のひとつです。マスマーケティングとは、生活者を消費者に変えるまでのステップ数が異なるのです。

マスマーケティングの場合、巨額の予算を使って、テレビＣＭや交通広告を展開することが多いですが、これは、ひとつの大がかりなＣＭや広告を、直接、何百万人、何十万人の生活者の目に触れさせようとするものです。

一方、インフルエンサーマーケティングの場

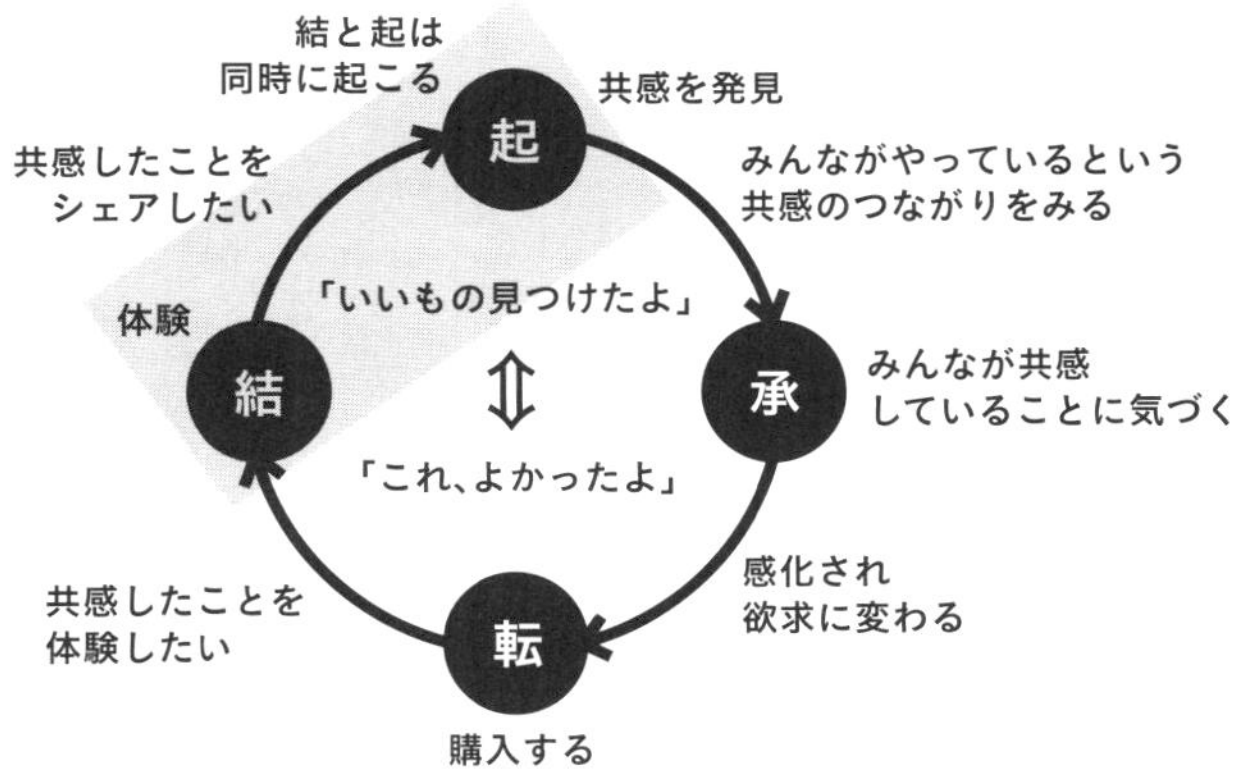

プロシューマ―を誕生させるための起承転結

合は、共感をエネルギーに一人が何十人かを動かし、その何十人かのうちの何人かが、また共感をエネルギーとして何十人かを動かすという形を取ります。ですから、広がりは波状的になり、その効果は長く持続します。

その共感を原動力とした広がりは、売れている気配と言い換えることもできます。

先ほど、有名店の行列を例に挙げましたが、行列は長く続くほど、より多くの人に、その列に加わりたいと思わせます。「あの人だけが持っている・やっている」より「あの人もこの人も持っている・やっている」のほうが、「買いたい・やってみたい」という思いを喚起し、より多くの生活者を刺激し、新たな起承転結を起こし、消費を循環させるのです。

インスタグラム上でのこの現象を、私たちは〝雰囲気売れ〟と呼んでいます。

共感なくして〝雰囲気売れ〟は起こらない

雰囲気売れの根底にあるのは共感です。これが、さきほどの店の行列とは少し異なるところです。

たまたま見かけた店の行列に加わるのは、リスキーな行為でもあります。その店を支持する人の嗜好と自分の嗜好が、一致していない可能性もあるからです。こんなことなら長

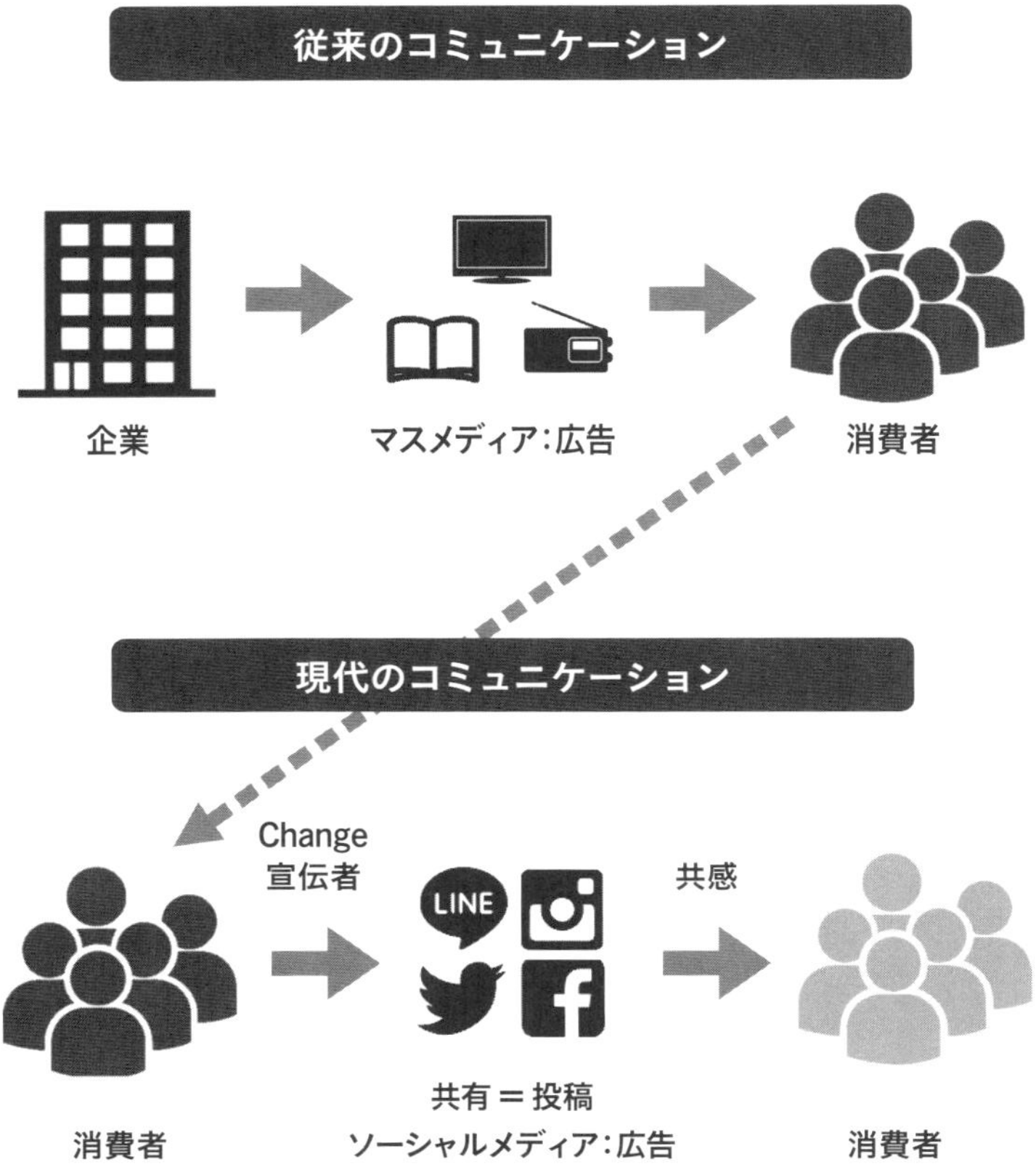

共感をエネルギーに、新たな消費者を獲得する

時間並ぶのではなかったとがっかりすることもあるでしょう。

一方で、インスタグラムの場合は『起』となる投稿をした人をフォローしている人なら、すでにその人は共感の対象者です。「この人がやっていることだから間違いがない」という安心感があるのです。フォローしていない人の投稿でも、その人の過去の投稿はすぐに参照できます。どういったセンスの持ち主なのか、共感できる相手かそうでないかは、そこですぐにわかります。

だからこそインスタグラムでは、『起』を比較的容易に『承』以降につなげることができるのです。

もちろん、この起承転結が常にスムーズに輪になるとは限りません。特にハードルが高いのは『転』から『結』へつなげることです。行動までのハードルと、それをシェアするまでのハードルでは、後者のほうが相当、高いのです。

口コミと同じです。日々、人は様々なものを消費していますが、それらをすべて他人に勧めるかというと決してそうではありません。本当にいいと思ったもの、それを体験したことを他人に知られても構わないもの、つまり、共感したもの、共感されたいものでないと、まわりには勧めないのです。

これは、裏を返せば、共感されやすい商品やサービス、それを体験したことを誰かにシェアしたくなる商品やサービスは、インフルエンサーマーケティングで売りやすいということです。

たとえばそれは、有名パティスリーのとてもおいしくて彩りもパッケージも美しいスイーツであるかもしれませんし、誰もが憧れるブランドの新作バッグかもしれません。場合によっては、表紙に誤字がある書籍や、誤発注によってコンビニの店頭に山と積まれたお弁当かもしれません。

前の二つは、商品そのものに共感を呼ぶ力があります。一方、表紙に誤字のある書籍や大量のお弁当は、それだけでは共感を呼びません。

しかし「担当者が一冊一冊、シールを貼って正しい文字に修正しました」とか「10個でいいのに1000個発注してしまいました。助けて下さい！」とメッセージを添えた写真を公開すれば、その行為に共感する人は必ず出てきます。すると、廃棄処分候補がヒット商品に変わります。

もちろん、売るために誤字や誤発注を仕込むというのは本末転倒です。

“雰囲気売れ”の仕組み

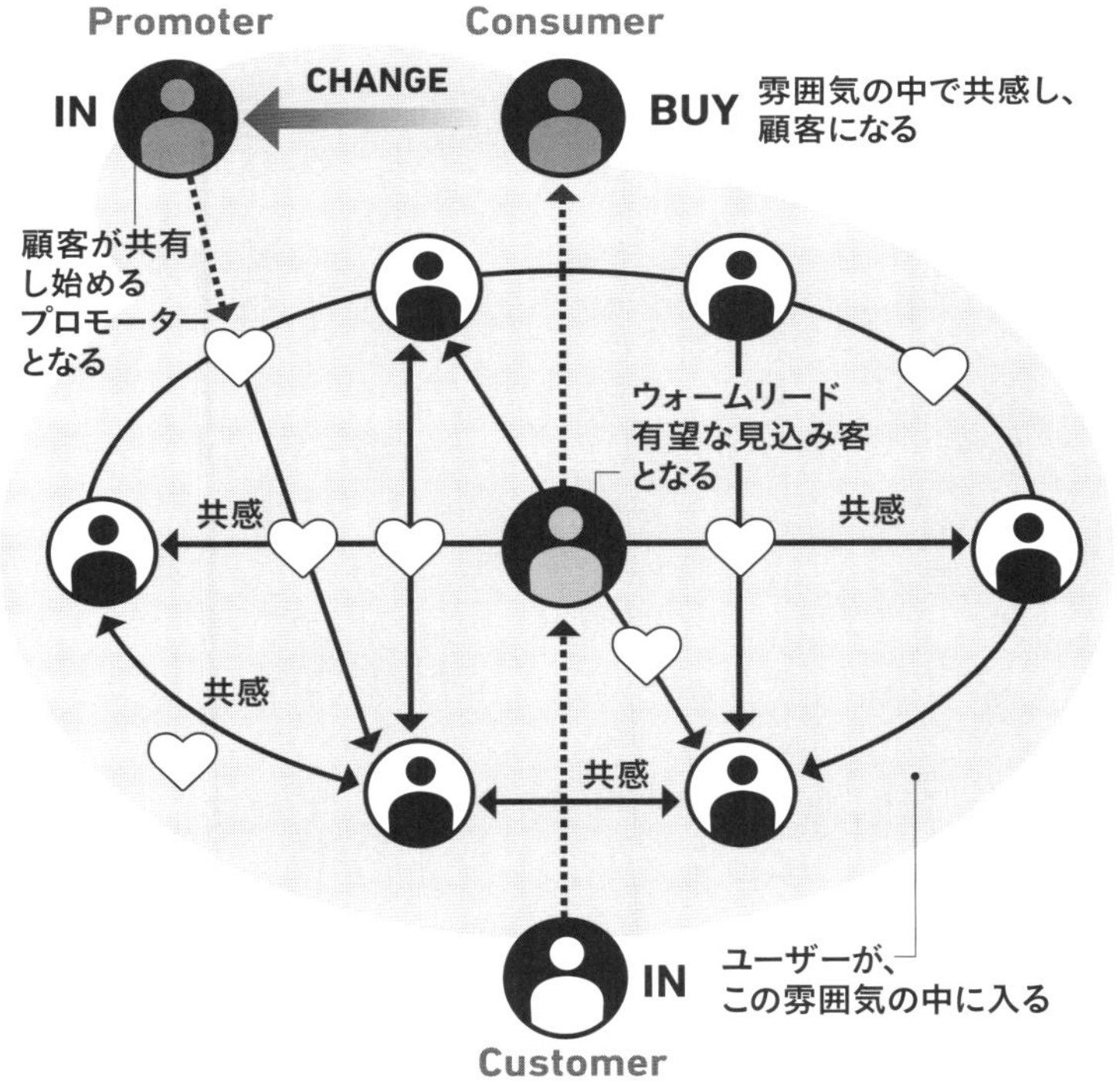

“雰囲気売れ”は、共感を原動力とした広がりから作られる

しかし、インフルエンサーマーケティングをする上では、同じものであっても、より共感を呼ぶ工夫をすることで、雰囲気売れに導けることは知っておくべきです。

共感は後からでも創造できる

どのメーカーも、自社の商品を売りたいと考えています。しかし「私たちはこの商品を売りたいです」というメッセージは、消費者にはなかなか共感されません。しかし、そのメッセージを「こんな生活を素敵だと思いませんか」という提案に替えれば、共感は得られます。

『ｅｍｍｉ』というレディースファッションブランドが、アシックスとスニーカーを共同開発したことがあります。この時には、水曜日にはスニーカー通勤をして、健康になろうという意味を込めて、ウェルネスウエンズデーというキャンペーンを展開したのです。

最初は、フォロワー数の多いインフルエンサーが「こんな新しい通勤スタイルがあるよ」といった言葉や「＃wellnesswednesday」などのハッシュタグと共に、駅でスニーカーを履いた自分の姿を、水曜日に投稿します。

すると、それを見たフォロワーは新しい前向きな提案に関心を持ち「確かに週の半ばは疲れがちでヒールを履きたくない」「たまにはスニーカー通勤もいいかも」と思うようになり、新しいスニーカーを買おうかなと考え始めます。起承転結が動き始めるのです。

このときに真っ先に候補に挙がるのは、ウェルネスウェンズデーを提案したインフルエンサーが履いていた『ｅｍｍｉ』のスニーカーです。共感の対象は、自分がフォローしているインフルエンサーであり、また、自分もそのインフルエンサーのように投稿をしたくなるので、別のブランドのスニーカーを買ったり、古いスニーカーを引っ張り出してきたりということにはならないケースが多いのです。

このキャンペーンの結果、共同開発したスニーカーは完売しました。

共感の対象は商品ではなく、インフルエンサーであり、そのインフルエンサーが提案するライフスタイルです。

ですから、無形の商品であるサービスの提案も、インスタグラムでは大いに可能です。そのサービスを使うことでどんな生活ができるかを、インフルエンサーを通じて提案できれば、そこに共感を生むことができるのです。既存の商品についても同様です。より具体的な事例は、チャプター6で紹介します。

共感を得るための方程式の探究

フォロワー数が多くてもうまくいかない

ここまでで、インフルエンサーマーケティングにおける共感の重要性は十分にご理解いただけたと思います。

ただし、問題が残っています。

それは、共感をどのように定量的な指標で評価し、それを大きくしていくかについては、確立された手段がないことです。誰か、何かに共感するという、心の中あるいは脳の中で起こる行為のメカニズムをまだ解明できていないのでしょう。

マスマーケティングでのタレントの起用基準にも、知名度や好感度の高さがあります。こうした知名度や好感度、親しみやすさは、アンケート調査などによってランキング化できますが、どうしたら好感度を上げられるか、何をすると親しみやすさが減るのかなどのメカニズムは解明されていません。そこにあるのは経験に基づく暗黙知です。

その暗黙知を、インフルエンサーマーケティングに取り込もうという試みはあちこちで見られます。たとえば、より多くの人に周知するために、知名度の高いインフルエンサーに商品ＰＲのための投稿を依頼するというのは、その代表例です。

このときに、知名度に注目したくなるのは、好感度や親しみやすさの基準は曖昧なままの一方、インスタグラムでは、知名度の高さはフォロワーの数で可視化されているからです。

言うまでもなく、テレビなどのマスメディアで活躍するタレントやモデルは大きな影響力を持っています。しかし、マスメディアにおけるマーケティングは、ターゲティングが行えず、不特定多数へ向けての情報発信となります。一方、インフルエンサーのフォロワーに対する情報発信には、その前提に、インフルエンサーの価値観への共鳴が存在するため、より強い共感を引き起こせます。

チャプター1でも書いたように、インスタグラムでは、知名度さえ高ければ共感を最大化できるわけではないのです。

私たちの経験上、100万人のフォロワーがいるタレント一人に一度投稿してもらうのと、1万人のフォロワーがいるインフルエンサー100人にそれぞれ一度ずつ投稿をしてもらうのとでは、後者のほうが確実により広く共感を得て、雰囲気売れを起こすことができます。また、コストも圧倒的に抑えられます。

エンゲージメントという指標

前の項で記したような失敗をすると、フォロワー数が多いタレントを起用するだけでは、インフルエンサーマーケティングはうまくいかないことがわかってきます。

そこで注目されるようになったのが、エンゲージメントという指標です。

インスタグラムでは、ツイッターやフェイスブックと同様に、その投稿を見た人が「いいね」を押したりコメントを書き込むことができます。

フォロワー数に対して、こうした「いいね」やコメントの数の比率が高いインフルエンサーは、フォロワーからの共感をより得ており、エンゲージメントも獲得しているといえます。

そこで、フォロワー数だけでなく、エンゲージ

従来のインフルエンサーマーケティングは
その効果をフォロワー数やエンゲージメントで測定

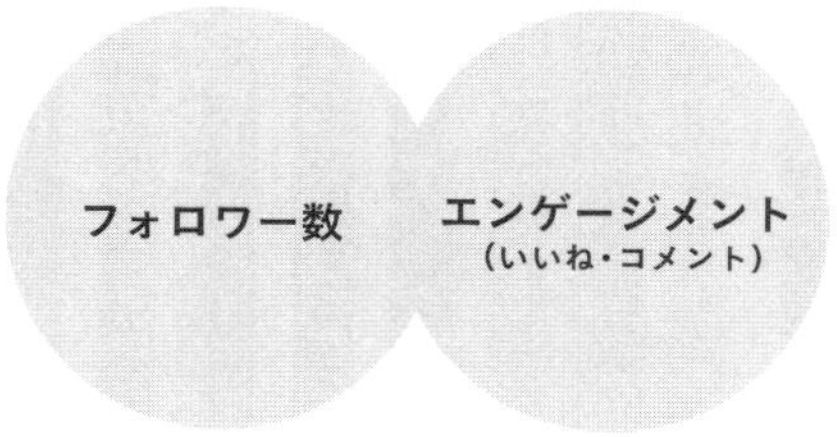

今日ではこれを共感の指標としている

インフルエンサーマーケティングの効果測定にエンゲージメントも加わる

メントの高さにも注目して、起承転結の連鎖を引き起こすインフルエンサーを起用するのが、最近のスタンダードになっています。

しかし、私たちはフォロワー数とエンゲージメントだけを基準にインフルエンサーを選定していては、十分な起承転結の連鎖を引き起こし、雰囲気売れにつなげられないと考えています。なぜならば、インスタグラムの構造を理解し、その舞台でインフルエンサーを活用するには、この二つの指標だけでは不十分だからです。

では、どのような指標を導入すべきか。

それを議論する前に、チャプター3では、インスタグラムというSNSの特殊性と、そこでのインフルエンサーの行動を踏まえた上で、インフルエンサーマーケティングに適したインフルエンサーの見抜き方について解説します。

インフルエンサーマーケティング成功の秘訣

- SNSで消費に影響力を発揮するのは「感性に共感」できる人による投稿
- 秘訣はインフルエンサーの使い方に。「雑誌の編集長」に見立てて付き合おう

生活者行動の変化、インスタグラムで「検索」の時代へ

拡大するSNSの影響力

２００４年に日本に上陸したＳＮＳは、10年以上をかけて着実にユーザーを増やしてきました。ツイッターの月間アクティブユーザー数は４５００万人超（２０１７年、以下同）、フェイスブックは２８００万人と、着実な伸びを見せています。

なかでも急激にアクティブユーザーを増やしているのはインスタグラムで、２０１５年には８１０万だった月間アクティブアカウント数が、17年には２０００万と１５０％もの急伸を見せています。

17年時点で、月間アクティブユーザーで９３００万もの人が、ＳＮＳを利用している

のです。

絶対数としては、インスタグラムのアクティブユーザーは、まだまだツイッターやフェイスブックに及びませんが、成長率は最も高いのが現状です。急激に人が集まり、急激に拡大しているのがインスタグラムというSNSであり、マーケットです。

拡大するマーケットには人が集まり、人が集まるとマーケットは拡大します。

一軒の店が繁盛すると、その周辺にも店ができます。道が整備され、ますます人が増え、商店街が形成されます。平屋では飽き足らず、縦方向にも店が発達します。デパートやファッションビルの誕生です。するとそこには、一般的な消費者だけでなく、周囲の消費に影響を与える消費者のリーダーのような人たちも集まります。

SNSの活用が当たり前に

国内の月間アクティブユーザー数は年々増加傾向にあり、
なかでもInstagramのアクティブアカウント数が飛躍的に伸びている。

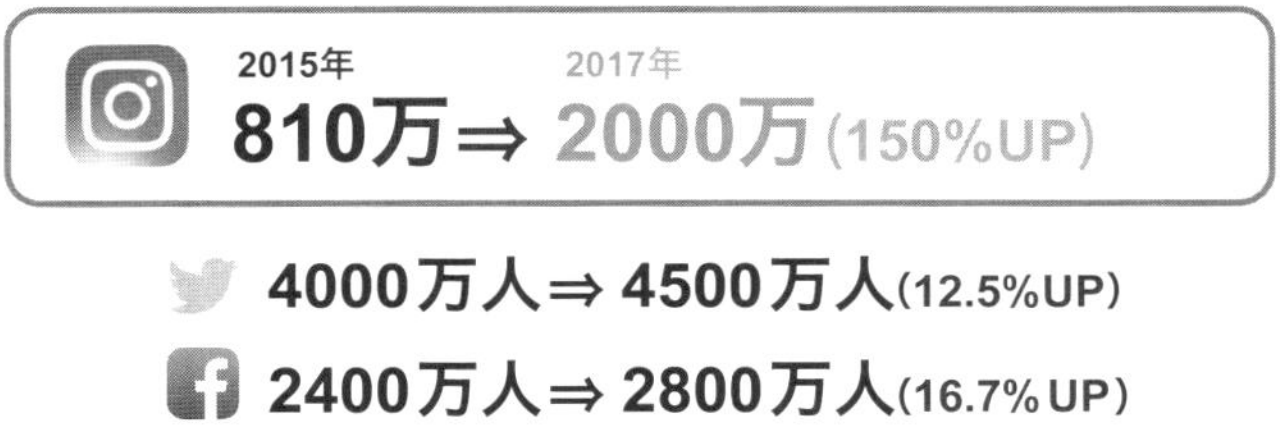

SNSの中でもInstagramはユーザー数が飛躍的に増えている

チャプター1では、そうしたトレンドセッターの居場所がアナログからデジタルへと遷移したことに触れましたが、マーケットもまた、アナログからデジタルへ、途中にカタログショッピングやテレビショッピングを介して、アマゾンや楽天などのインターネット上のコマースサイトに移ってきました。そして今、強力なトレンドセッターであるインフルエンサーが存在するSNS、とりわけインスタグラムにも、その流れが押し寄せています。インスタグラムを軽視し、インスタグラムにアカウントを持たない企業、あるいは、その特性を理解しないまま、他のSNSと同じようなアカウント運用をしている企業は、機会損失をしているといえます。

コモディティー化するインスタグラム

2018年のインスタグラムは、日本語での利用が可能になった2014年直後とは様変わりしています。

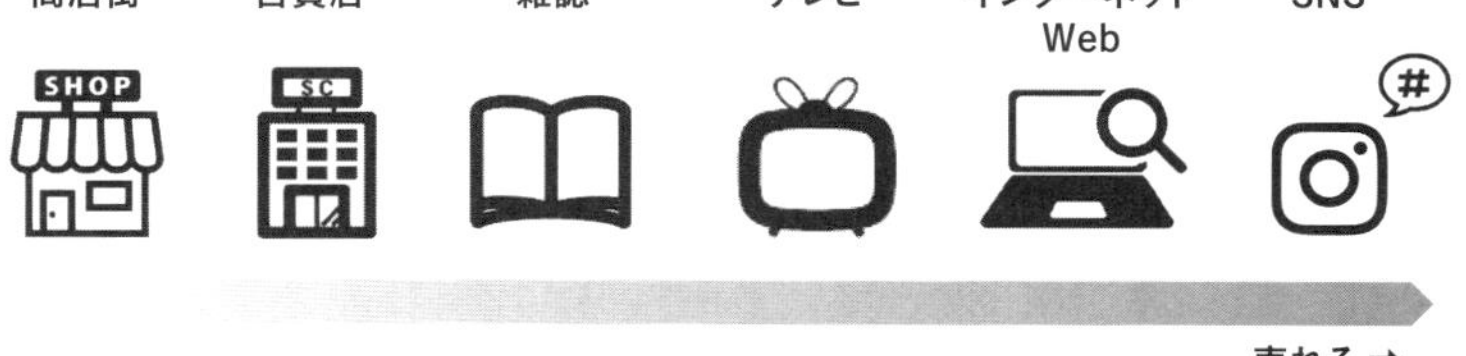

ユーザーが多く集まる場所でモノは売れる

インスタグラムといえば若い女性ばかりが使うもの、おいしそうな食事の写真を撮ってアップするものという印象を持たれているのであれば、その古い固定観念は捨てる必要があります。

総務省による情報通信メディアの利用時間と情報行動に関する調査報告でも、インスタグラムのユーザーは年々増えており、また、その層が拡大していることがわかっています。15年、インスタグラムの中心ユーザーは20代でした。利用率は20代で31・5％であったのに対し、30代では18・5％、40代では13・5％、50代に至っては5・1％です。ところが17年には、20代が52・8％と半数以上が利用するようになった一方で、30代が32・1％、40代が23・7％、50代が14・7％と、大きな伸びを見せています。また、15年には24・5％だった10代も17年には37・4％に、同じく60代が2・0％から4・3％に増えています。

こうした年齢層の拡大は、私たちの調査でも裏付けられています。私たちは『SPIRIT』という、インスタグラムのフォロワー数が3000を超えた人たちによるプラットフォームを運営しているのですが、15年当時は、その55％が20代・30代で、平均年齢は31・4歳でした。ところが17年には20代・30代の占める割合は47％に減少し、その分、10代が8・7％から17・5％に、50代が12％から14％へと増加しています。明らかに幅が広がっているのです。平均年齢は34・9歳に上がっています。

この調査からは、フリーランスの比率が減り、会社員の比率が上がっていることも明らかになっています。

この二つの調査から、インスタグラムは、若くてセンスのいい人だけのものから、広く一般の人のものになってきたと推察できます。

私たちの調査では、インスタグラムの魅力についても尋ねています。15年当時は「ハイクオリティなコンテンツがある」「自分のセンスを見せることができる」といった答えが上位を占めていましたが、17年になると「趣味や興味が近い人とつながることができる」「世界をもっと知ることができる」といった回答が増えています。

インスタグラムは、センスのいい一部の人だけのものから、より一般の人が楽しむツールに変わってきているのです。

商品とサービスはインスタグラムで検索されている

18年に私たちが行った別の調査からは、また別の興味深い結果も得られています。調査は、『SPIRIT』に登録するインフルエンサーに「商品・サービス」と「出来事など」それぞれについて、どのツールで検索をするかを尋ねるものでした。選択肢には、グーグル、ヤフー、ツイッター、そしてインスタグラムを用意しました。

すると「商品・サービス」に関しての検索ツールとして最も支持を集めたのは、インスタグラムでした。63・9%の人がインスタグラムと答えたのです。この傾向は若年層ほど高く、20代は84・9%が、30代は66・1%がイ

商品・サービスを検索する際に
使用するツールについて教えてください

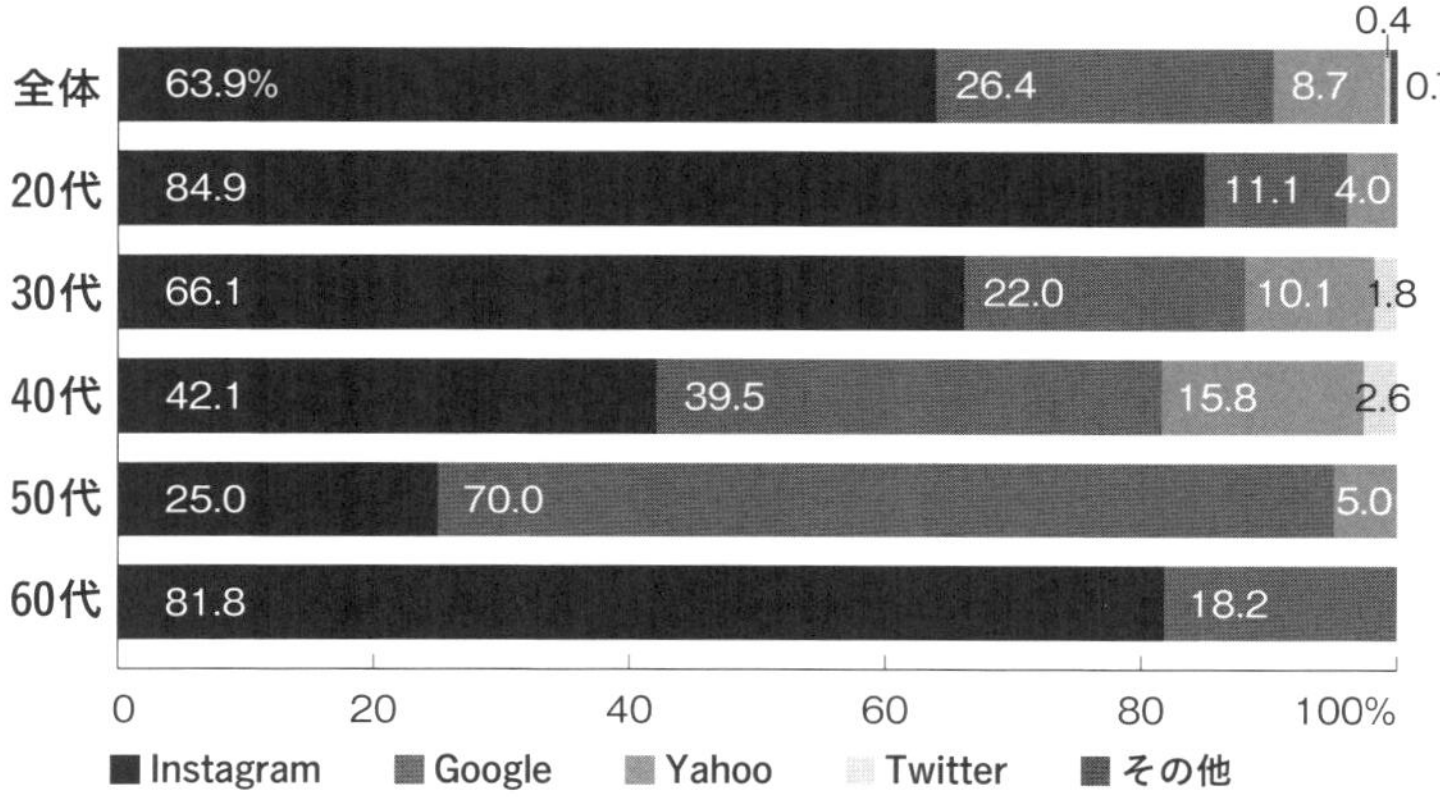

調査概要
調査期間 2018年8月30日〜2018年9月3日
調査対象 SPIRITに登録している
20歳〜69歳男女 300人

回答者属性
性別 男性:67人（22.5%）
女性:233人（77.5%）
平均年齢 35.43歳
平均フォロワー数 1万4597

出典:リデル

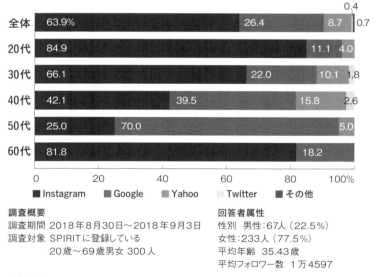

ンスタグラムと答えています。40代でも、グーグルの39・5％を上回って、42・1％がインスタグラムと答えています。50代になると逆転し、グーグルがインスタグラムを上回ります。

『ＳＰＩＲＩＴ』に登録しているのは、フォロワー数が３０００を超える、いわばヘビー・インスタグラム・ユーザーであることを考慮すると、これは少しかたよった数字かもしれません。

しかし、同じ人たちが「出来事など」を検索する際には、グーグルを選ぶ割合が40・３％で、ヤフー（30・６％）、ツイッター（14・５％）、そしてインスタグラム（11・３％）と続きます。ですから、なんでもかんでもインスタグラムというわけではないのです。

ではなぜ商品やサービスは、グーグルやヤフーではなく、インスタグラムで検索をするのか。

その要因を私は次のように分析しています。

グーグルやヤフーで検索した場合、得られるのは、公式情報やそれに近いものであることが大半です。商品名で検索すると、表示されるのはそのメーカーや、商品を取り扱っているサイトです。

一方で、インスタグラムで検索をすると、その商品のあるシーンの写真が並びます。この画面の眺めは、グーグルで画像検索したときとは明らかに異なります。グーグル画像検索での検索結果がカタログであるなら、インスタグラムでの検索結果はアルバムといえる

情報の「出会い方」を比較

たとえば、インターネットとSNSでファッションコーディネートを検索してみると…

「＆検索」を繰り返さなければならない

視覚に訴えるため、直感的に価値観の合う情報を見つけられる

インスタグラム検索は、検索結果の画像を見て自分の価値観に合うか直感的に判断する

ほどの違いがあります。

カタログには、その商品を正確に見せるための写真が並びます。アルバムには、その商品が実際に使われているシーンが並びます。

たとえば服についても、カタログのための写真であれば、シルエットや素材感がはっきりと伝わるような撮影の仕方を優先させますが、アルバムであれば、その服そのものの写真というよりは、どんなアイテムとコーディネートしているか、どのような天候の時にその服を着たかがわかる写真が多くなるはずです。

撮影の対象は、モノそのものではなく、体験です。インスタグラムというアルバムに並ぶ写真は、それを見た人が追体験できる、お手本であり、先行事例なのです。

インスタグラムは一見、検索に最適化されたSNSではありません。グーグルやヤフーのようにたとえば「渋谷　ランチ　和食」と、複数の単語での検索はできません。検索に使える単語はひとつです。そこでハッシュタグを付けて「#渋谷ランチ」などと検索することになります。すると、結果は画像一覧で表れ、その一覧から特に目をひく和食の写真を選ぶと、大抵の場合、それが渋谷のどこの店のものなのかを知ることができます。

大抵の場合と但し書きをしたのは、その写真を投稿する人は、それがどの店の写真なのかを明示していることがほとんどだからです。その理由についてはあとで触れます。

その和食の写真を投稿した人が、過去にどのような写真を投稿している人なのかはその場で確認できます。その中に、自分が行ったことのあるおいしいお店の食事の写真が含まれていたら、その投稿者のことはまったく知らなくても、その人の味覚は信用するようになります。また、過去の投稿に渋谷エリアの写真が多ければ、渋谷に詳しい人に違いないから、やはり信用できるでしょう。

また、ほかの食事の投稿には、味について詳細なキャプションがついているのに対して、自分が最初に見た投稿では味についての言及がないとわかれば、その店の味については疑問符が湧くでしょう。

このように、ビジュアルをキーに、追体験できる先行事例を検索でき、さらにその事例が投稿者によって、相対的にどの程度、評価されているのかをすぐに判断できるのが、インスタグラムというSNSなのです。

また、フェイスブックとの違いに言及するならば、その違いは、フォロワーに何を伝えたいかという意識です。

最近は、インスタグラムをフェイスブック的に使う人も増えています。

しかし、使い分けている人は、インスタグラムでは誰かに真似されたいセンスを披露して知らない人からも共感を得ようとしていて、フェイスブックではすでに知っている人に対して日常の報告をしている。そう言えるのではないでしょうか。

インスタグラムでなら感性で検索できる

実際に、メインの検索ツールとしてインスタグラムを利用している20代の中には、インスタグラムで見つけた店で、インスタグラムで見つけたメニューを食べるという人もいます。店でメニュー選びに迷うことなく、インスタグラムで見つけ出したものを、食べたいと感じているのです。

また別の20代には、インスタグラムで見かけ、いいなと思った腕時計を購入するという人もいます。見かけたときには予算が足りず、すぐには購入に結びつかなかったものの、その後、セールの情報をやはりインスタグラムで入手して、そこからリンクをたどって購入したのです。

インスタグラムは、すでにこうした使われ方をしています。

非常に象徴的なケースもあります。インスタグラムで旅行先の宿を探したという例です。

宿探しは、まずはホテルの予約サイトなどで当たりをつけ、その後、ホテルの公式サイトで食事内容や設備の確認をするといった方法が一般的でしょう。

しかしその人の旅の最大の目的は、食事の内容や露天風呂の有無ではなく、情緒のある旅館の畳の上で、窓から緑を眺めながら、読書を楽しむことでした。

まず、言葉の検索で〝情緒のある旅館〟を探し当てることは大変難しいことです。しかしインスタグラムでなら、旅先が箱根なら「#箱根旅館」と検索し、そこから画像で、イメージに近い旅館を探すことができます。

カフェ探しでもそうです。カフェには、アメリカンなものや北欧風のもの、ガーリーなタイプやレトロなタイプなどさまざまなカフェがあります。また、ひとことでレトロなカフェといっても、60年代風なのか70年代風なのか80年代風なのか、重厚なのかチープなのか、自分がいいと思うもの、感性を言葉で突き詰めようとするときりがありません。

しかし、これも写真があれば一目瞭然です。どれが一番自分の感性に合っているかが、見ればわかるのです。

ただし、検索を主にインスタグラムで行う人たちは、画像だけを頼りにしているわけではありません。

服はリアルの店舗ではなくネットで買うという若い人が、こう言っていたのが印象に残っています。

「（リアルな）店舗には、テキスト説明がないから困る」

インスタグラムでは、写真だけを投稿する人はほとんどいません。そこにはキャプションやハッシュタグで、文字による情報が添えられています。

この服のMサイズはゆったりしているのかタイトなのか、すでに買った人は着心地をどう感じているかなどの付帯情報をそこから得られます。先ほどの発言者は、リアル店舗では、そうした情報が文字になっていないのがもどかしいようなのです。文字情報の重要性についてはチャプター4でも詳しく説明します。

インフルエンサーとはどんな人たちか

インフルエンサーとフォロワーの数

インスタグラムをはじめとするSNSには、その特性をよく理解し、ほかのユーザーに影響を与えるユーザーがいます。インフルエンサーと呼ばれる人たちです。

インフルエンサーという言葉そのものは、インスタグラムの誕生以前から使われていた言葉ですが、チャプター2で書いたように、共感を呼びやすいＳＮＳであるインスタグラムでは、インフルエンサーの果たす役割は非常に大きなものになっています。

ここで改めて、本書でインフルエンサーという言葉が何を指すのかを定義しておきます。まず、今の業界で指すインフルエンサーの主な活動の場は、ＳＮＳです。テレビや雑誌など、メインではほかの舞台で活躍し、インスタグラムも使っているタレントやモデルは、インフルエンサーではありますが、本書の定義の範囲からは外れています。

それから、インスタグラムのフォロワーの数が３０００を超えていることも、インフルエンサーの条件です。フォロワー数の下限を1万とする見方もありますが、これまでの経験から私は、３０００フォロワー以上であればインフルエンサーと見なしていいと考えています。

繰り返しているように、フォロワーが多いほど、影響力のあるインフルエンサーというわけではありません。また、フォロワーが少ないと、その少ないフォロワーとは頻繁にコメント欄などで交流することが多く、チャプター2の終わりで書いたエンゲージメントの評価が高くなる傾向があります。しかし、波及先が限られます。

フォロワー数と、どれだけ共感を招き、影響を与えられるかは、無関係ではありませんが、正比例するものでもありません。

なお、テレビや雑誌などで先に顔や名前を売ったわけではない個人が、3000人のフォロワーを確保するのはそう簡単なことではありません。そこに至るまでには、フォローする人のことを強く意識した戦略的な投稿が欠かせません。

インフルエンサーは〝信頼できる〟

SNSでは、フォローし、フォローされるというかたちでネットワークが広がっていきます。このとき、フォローの対象となるのは、直接の知り合いばかりではありません。しかし、知り合いでもないのに、フォローしたい相手からは大きな影響を受け、それだけでなく、信頼もするという傾向にあります。

2016年に米ツイッターが行った調査では、56％の人が、買い物については友だちのアドバイスを参考にしていると答えていますが、これに次いで、49％の人が〝インフルエンサー〟のツイートを頼りにしていると答えています。ここでの〝インフルエンサー〟

は明確に定義されていませんが、ツイッター上で多くフォローされている著名人と解釈して、そう間違いはないでしょう。

直接の知り合いでもない〝インフルエンサー〟の言葉は、多くのフォロワーに影響を与えているのです。これは、フォロワーが〝インフルエンサー〟にある種の信頼を置いていることの表れでしょう。

インフルエンサーは雑誌の編集長

インスタグラムを主な活動の場とし、3000人以上のフォロワーを持ち、そのフォロワーからリアルの友だちと同じくらい、信頼されている。

こうしたインフルエンサーのプロフィル画面を見にいくと、並ぶ写真にはその人らしい統一感があることにすぐに気付かされます。インフルエンサー

“インフルエンサー”の価値

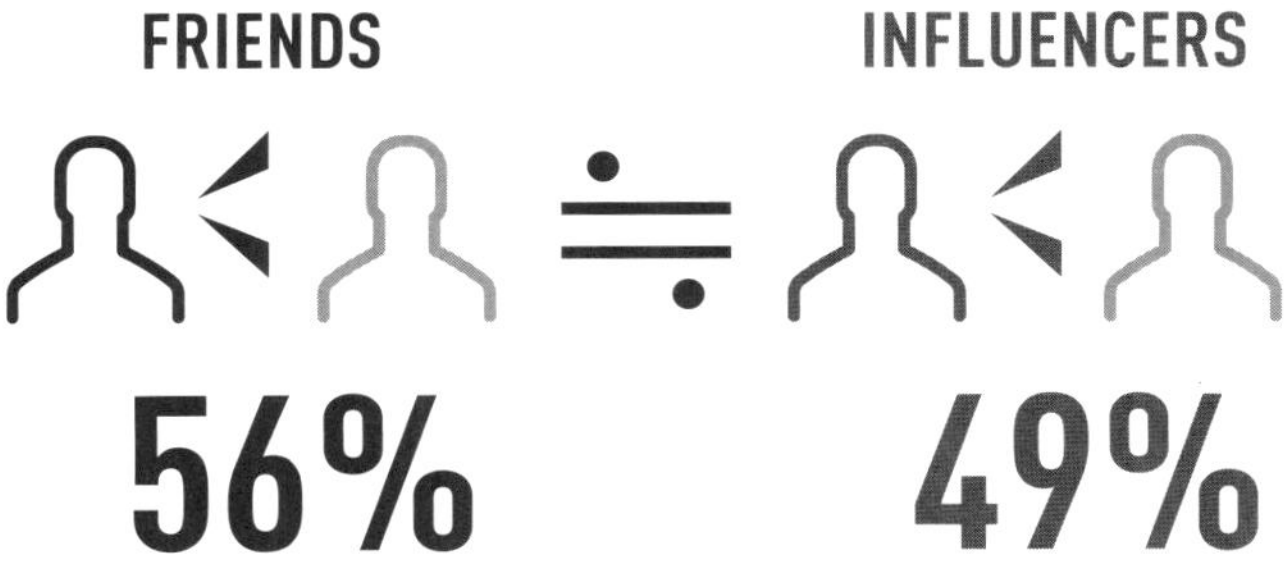

インフルエンサーは、友人と同じ程度に「信頼」されている

は、自分が共感したもの、好きなものを、フォローしてくれている人、これからフォローしてくれるかもしれない人のことを強く意識して、日々の投稿をしています。フォローする側も、そのインフルエンサーの審美眼を信頼してフォローをしているので、突然、いつもと違った調子の投稿があればとても驚き、場合によってはフォローを外します。

これは、雑誌の編集長と読者の関係に良く似ています。

インフルエンサーは、雑誌の編集長です。自分のアカウント＝雑誌にどのような写真を載せ、言葉を添えるかは、自分の感性で決めていきます。

写真ひとつとっても、これなら載せる、これなら載せないという基準がありますし、その背景やライティング、撮影後の加工にもこだわりがあります。もちろん、どのページにどの記事を配置するかを考えるように、写真の投稿順にも気を配ります。

編集長は、読者のことを考えています。あまりに突飛なことをして読者を驚かせることのないよう、しかし飽きられることのないよう、新しい試みをしながら、今の読者には読み続けてもらい、新しい読者にも関心を持ってもらおうとしています。もしも、読者が減ったり意図しない増え方をしたりした場合には、キャンペーンを展開する、特集の雰囲気を変えるなど、工夫します。

インフルエンサーも同じようなことを考えています。

女性のインフルエンサーの中には、男性フォロワーを増やしたければ顔のアップを投稿し、男性を減らして女性の比率を高めたければ、男性には興味のなさそうなコスメに関する投稿を連投するといった調整をする人もいるのです。

インフルエンサーマーケティングに取り組もうとする企業は、こうしたインフルエンサーの心情をよく理解したほうがいいでしょう。

インフルエンサーに自社商品のＰＲを依頼するということは、雑誌とタイアップを組むということです。できあがる誌面には、雑誌の編集方針が色濃く反映されます。編集長がこれはこの雑誌にふさわしくないと判断したビジュア

インフルエンサーは、雑誌の編集長と同じ

ルは採用されません。

しかし残念なことに、モデルをキャスティングするようにインフルエンサーにＰＲの依頼をする企業もあります。

典型的なのは「商品を持ってにっこり微笑んだ写真を投稿してほしい」といういわゆるニコパチ依頼です。

そのインフルエンサーが、そのテイストでフォロワーを増やしてきたインフルエンサーであるならば、それは正しい依頼の仕方です。

しかし、そうでない、たとえばシックなイメージやクールなイメージが売りのインフルエンサーにそうした依頼をするのは、雑誌研究不足によるミスマッチと同じことです。インフルエンサーの研究が足りていません。

そこをないがしろにして強引な依頼をしても、たいていのインフルエンサーは、目の前の1本の仕事よりこれまで作りあげてきた世界観、地道に確保してきたフォロワーを大事にするので、その仕事は受けないでしょう。

なかには、そうした仕事を受けるインフルエンサーもいないわけではありませんが、その結果、構築してきた世界観を自ら崩壊させることになるので、フォロワーを失い、インフルエンサーではなくなっていきます。雑誌でいえば休刊です。

共感を生み出す インフルエンサーはどこにいる

インフルエンサーには自由が必要

インフルエンサーマーケティングの目的は、そのインフルエンサーを起点に、共感を生み出すことです。ですから、企業は、インフルエンサーに対して、共感の最大化のためにできる限りの条件を整えた依頼をすべきです。決して「商品を持ってにっこり」ではないのです。

ここで、インフルエンサーによる共感はどのように生まれていくのかを改めて考えてみます。

インフルエンサーは、特定の商品やサービスのＰＲを依頼されると真っ先に、それを自分がこれまで作り上げてきた世界観の中でどのように表現するか考えます。別の言葉でいえば、いかに違和感なく仕上げるかを考えます。そこは、ＰＲを依頼する側が口を出す領域ではありません。ただしインフルエンサーは、雑誌の編集長ほど業界の商習慣を知っているわけではありません。やってほしくないこと、たとえば、写真の中に競合他社の商品を入れないでほしい、よく勘違いされるよく似たブランド名のハッシュタグは付けないでほしいといったリクエストは、事前にしておくべきです。

つまり、良くない結果が待っていることが確実な、絶対にやってほしくないことだけを伝えて、あとは自由に投稿してもらうのです。

するとインフルエンサーは想像を膨らませ、それまでの経験を生かした創造に取りかかれます。あまりに細かいルールを課すと、インフルエンサーに工夫の余地がなくなってしまうので、それではインフルエンサーマーケティングの意味がありません。

そのインフルエンサーらしい投稿を見て、フォロワーが『起』の状態になると、あとは『承』『転』『結』と巡るのを待つだけです。

ここで一言、書き添えておくと、かつてブログで横行し、そこからの退場を余儀なくされたステルスマーケティングと、インスタグラムの相性は最悪です。

その理由は、インフルエンサーの側が、フォロワーを裏切るような行為を嫌うからです。ですから、インフルエンサーにＰＲを依頼するときには、それとわかるハッシュタグを付けてもらう必要があります。

これについては、インフルエンサーの側も嫌いません。ＰＲとわかるハッシュタグを付けることはフェアである上に、自分はＰＲを依頼されるインフルエンサーであることも示せるからです。

「注目すべきインフルエンサー」のフォロワー数

インフルエンサーの評価の基準はフォロワー数だけではないと、繰り返し記してきました。そして、エンゲージメントという、「いいね」やコメントの活発さに注目した評価基準もあると書いてきました。

この2つの基準を照らし合わせると、インフルエンサーの中でも特に、フォロワー数が6000から3万のインフルエンサーが非常に特徴的であることがわかりました。

一般に、フォロワー数が増えていくと、エンゲージメント率（フォロワーからの「いいね」やコメント数を数値化したもの。詳細は後述）は減少していきます。

これはおそらく、フォロワー数の増加がインフルエンサーの意識を変えるからです。

フォロワーが、実際に顔も名前も知っている友人ばかりのとき、インスタグラムは写真がメインのコミュニケーションツールとして使われています。その使われ方は、フェイスブック的でもあり、交換日記的でもあります。インスタグラム上で、私は今日、どこで何をしたかを伝え、友人がどこで何をしたのかを知るのです。

しかし、フォロワー数が増えてくると、エンゲージメント率は下がっていきます。フォロワーからの「いいね」の割合が減るのです。これは、頻繁に「いいね」してくれるリアルな友人ではなく、読者やファンのように、投稿をただ眺めているだけの人の増加を意味すると解釈できます。

しかし、フォロワー数が6000から3万のところでは、少し不思議な現象が起きています。フォロワー数が増えているのにもかかわらず、「いいね」の割合も増えているのです。

ここで考えられるのは、インフルエンサーの態度です。フォロワーがこのくらいまで増えると、インフルエンサーはフォロワーを増やすことに強いやりがいを感じ始め、フォロワーを増やすような工夫を重ねるようになります。

たとえば、フォロワーの参考になるような投稿を増やすのです。それまではただ、素敵なコーディネートを投稿していたインフルエンサーが、その服はどこでいくらで買えるのかといった情報を追加するようになります。それまではメイクした結果だけを見せていた人が、テクニックまで披露するようになります。おいしそうな食事の写真には、どこにあるどの店のなんというメニューのなのかを書き添えます。

　こうしたサービス精神の発露が、「いいね」の割合を上げていると考えられるのです。

　フォロワー数はそこそこだけれど、フォロワーのために役に立とうという意識が見られるフォロワー数6000から3万のインフルエンサーはエンゲージメント率が高いため、私たちは大いに注目しています。

　こうしたインフルエンサーへのPRの謝礼は、フォロワー数100万を超えるようなインフルエンサーに対するそれよりも、かなり低く抑えることができます。

フォロワー数とエンゲージメント率

フォロワー数が多いほどエンゲージメント率は減少していく
エンゲージメントが高く、効率が良いのは6000～3万フォロワー

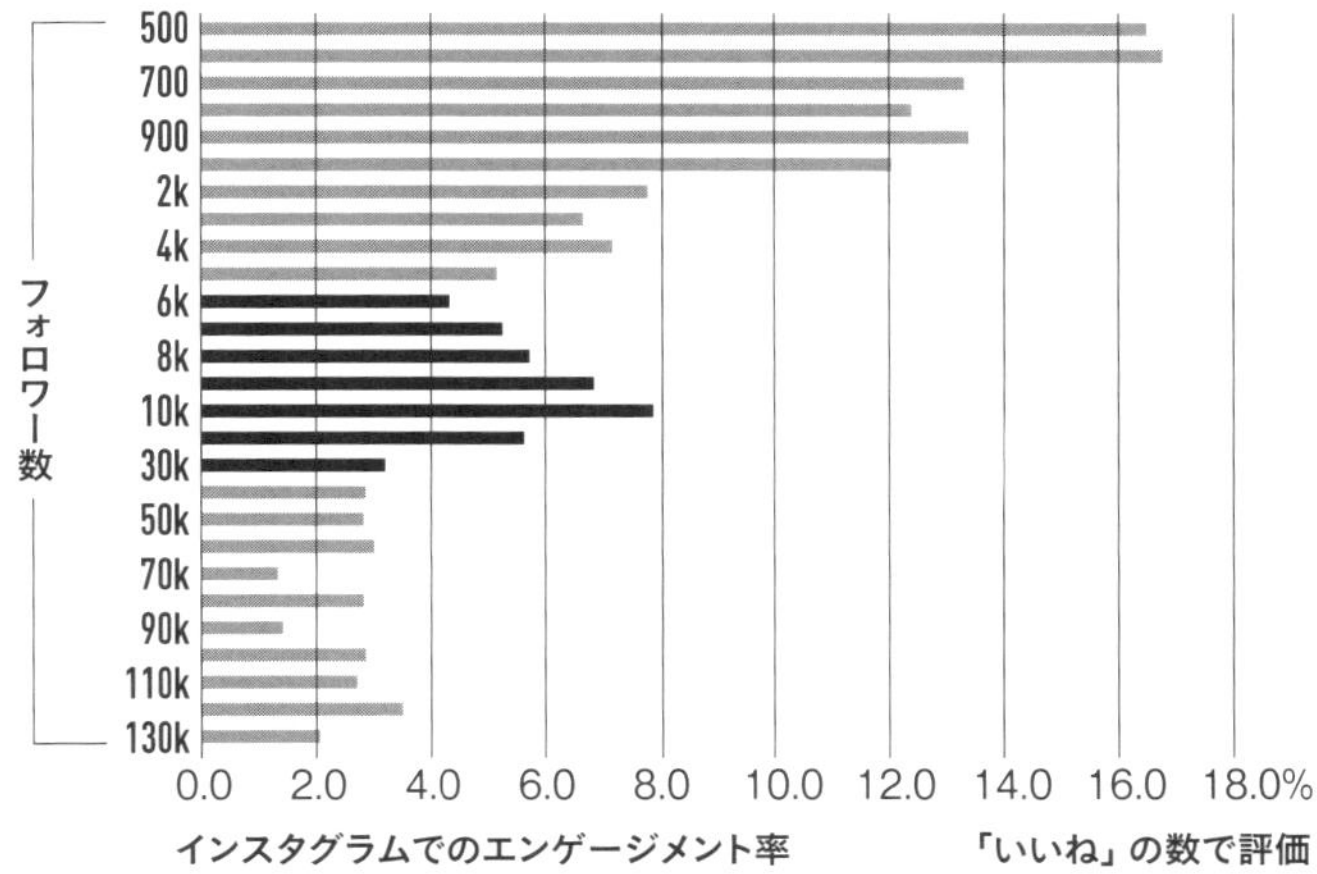

フォロワー数6000から3万のインフルエンサーに注目　　出典：リデル

フォロワー数が1000や2000のインスタグラマーにPRを依頼することもできますが、その場合は、十分な効果を得るには、何人ものインスタグラマーに声をかけなくてはなりません。こうしたことを考えても、インフルエンサーと組むことは効率的です。

インフルエンサーは熱狂的な共感を呼べる

インフルエンサーとそのフォロワーの関係は、有名インディーズバンドとそのファンに重ねることもできます。

フォロワー数が6000に遠く及ばないとき、そのインフルエンサーはまだまだ、地元でも知る人ぞ知るインディーズバンドです。バンドのメンバーはファンのことをほぼ全員把握していて、交流にも積極的です。

バンドが地元だけでなく、隣町などでもライブを行うようになると、ファンが増えますが、バンドのメンバーからすると顔と名前の一致しないファンが増えることになるので、ファン全体に占める、直接交流するファンの比率は下がります。

ところがあるとき、バンドの側は、このまま順調にファンを増やしていけば、そのうちメジャーデビューできるのではないかと考えるようになります。こうなると、今旬の、勢いのあるバンドというイメージの醸成のためにも、ファンとの交流を増やします。ファンもその勢いに押され、自分たちだけが知っているこの素晴らしいバンドを、メジャーシーンに押し上げようと考えるようになります。

これが、フォロワー数が６０００から3万のインフルエンサーが行っていることです。

そしてその熱狂のおかげで、晴れてバンドがメジャーデビューすると、地元や隣町で応援していたファンは、どこか静かになっていきます。私たちが一生懸命支えなくても、多くの人に応援してもらえていると考えるようになるからです。

エンゲージメント率はインフルエンサーの属性によっても異なる

エンゲージメント率とフォロワー数の関係は、73ページのグラフのようにも整理することができます。ここで描かれているのは、平均フォロワー数が4万６５７５、平均年齢が26歳の１３６０人のインフルエンサーが獲得しているエンゲージメント率です。

本書で定義するインフルエンサーの場合、フォロワーが増えるとエンゲージメント率は低くなります（１２９ページ参照）。その傾向は、ここでご紹介する調査結果にも表れていて、高校生やトラベル、デリ、ビューティーのグラフからはっきりわかります。オールジャンルの平均エンゲージメント率は4・68％ですが、年齢別に見るとこの数字は、年齢が低ければ低いほど、大きくなっています。31歳以上が3・26％であるのに対して、大学生（18歳から22歳が中心）の場合は、7・00％と倍以上になっています。

この理由としては、（1）大学やアルバイト先など、リアルのコミュニティーがＳＮＳにも投影されており、フォロワーとのつながりが強いこと（2）フォロワーの可処分時間が長く、それがＳＮＳに割かれていること（3）学校において強い存在感を示す先輩や同級生と関わりたいという強い気持ち、などが考えられます。

インフルエンサーを高校生に限ると、この傾向はさらに顕著になり、エンゲージメント率は14・7％にまで跳ね上がります。

インフルエンサーの性別も、エンゲージメント率に大きな影響を与えます。インフルエンサーを男性に限ると、エンゲージメント率は8・23％と全体平均の4・68％を大きく上回ることがわかっています。まだまだ、インフルエンサーの絶対数は男性より女性のほうが多いことから、数少ない男性インフルエンサーにエンゲージメントが集中するのでしょう。

また、エンゲージメント率は、そのインフルエンサーがどのようなジャンルの投稿を多くしているかによっても違いが出ます。ここでは、トラベル、デリ（食べ物）、ファッション（グラ

オールジャンル 平均フォロワー数：約4万6575 平均年齢：26歳

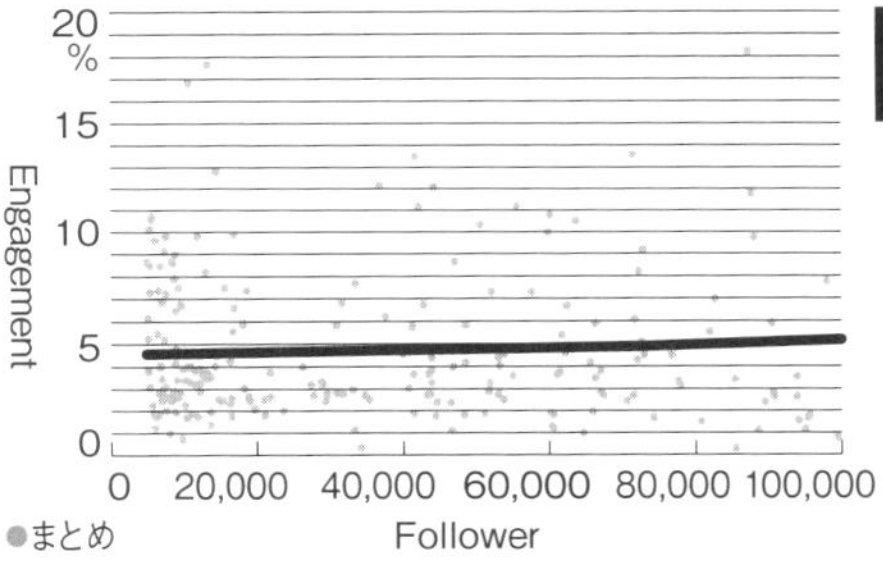

セグメント別
平均engagement(%)

全体：4.68%

大学生：7.00%

23~25歳：4.64%

26~30歳：3.82%

31歳~：3.26%

高校生 平均フォロワー数：約5万3274 平均年齢：17歳

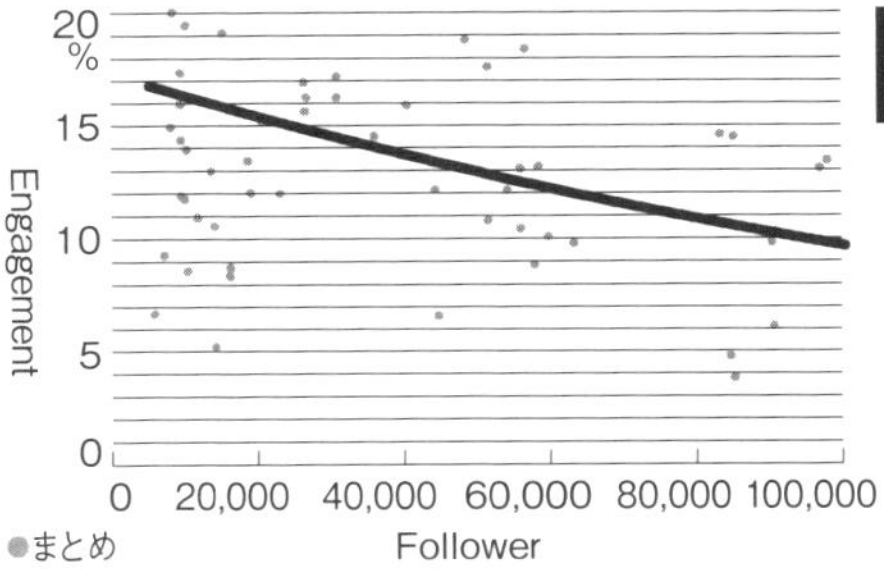

セグメント別
平均engagement(%)

全体：14.70%

5K~10K：19.70%

10K~40K：13.65%

40K~70K：14.36%

70K~100K：9.97%

男性 平均フォロワー数：約4万1772 平均年齢：23歳

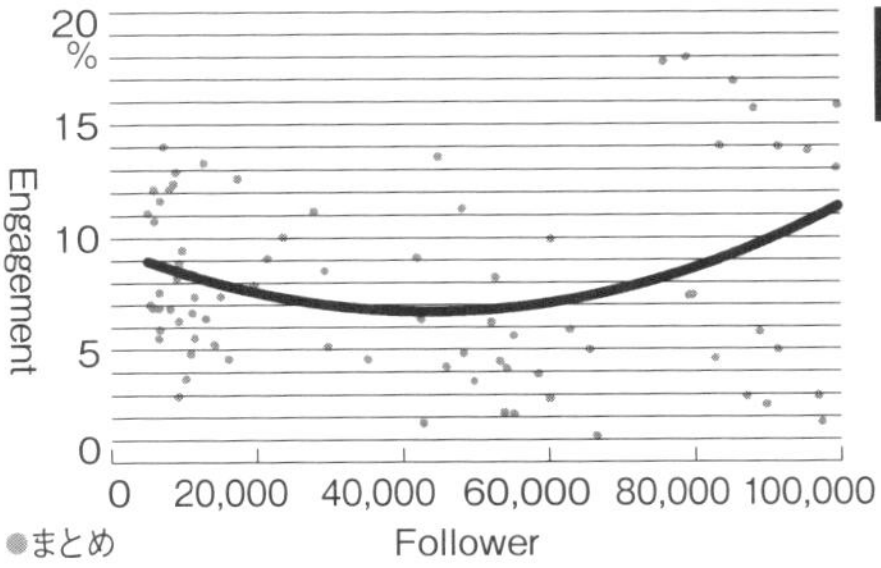

セグメント別
平均engagement(%)

全体：8.23%

5K~10K: 8.97%

10K~40K: 9.48%

40K~70K: 5.46%

70K~100K: 6.12%

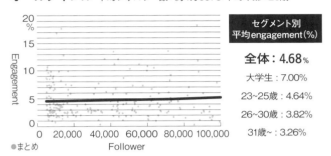

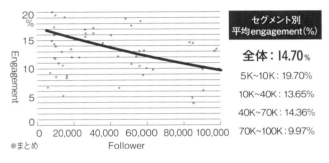

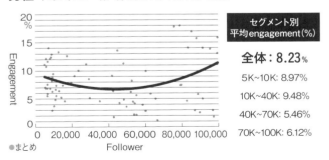

フは75ページ）、ビューティー（同76ページ）によるエンゲージメント率の違いを解説します。トラベルは、男女問わず関心の高い話題であることを反映し、エンゲージメント率も5・92％と高い数値となっています。フォロワーは、非日常性の高い旅に関する投稿に憧れを抱き、旅行雑誌を眺めるような楽しみ方をしているものと考えられます。

デリも、男女、そして年齢層を問わず多くの人から関心を抱かれるジャンルです。憧れの対象となるような投稿だけでなく、自分の料理の参考になるような情報に富んだ投稿にも、エンゲージメントが集中します。また、シズル感のある（食欲を刺激する）写真を使った投稿にも高いエンゲージメントが発生します。

これらトラベル、デリはエンゲージメント率が高い傾向にありますが、一方で、ファッションやビューティーでのエンゲージメント率は、全体平均を下回っています。

フォロワーがファッションの投稿に期待するのは、自分では買えなくて着られないけれども素敵な服や着こなしを見たいという思いを満たすこと、それから、自分自身の購入そして着こなしの参考にすることです。憧れと実用の両方が、このファッションという分野の投稿では求められています。また、トラベルやデリに比べて、何に憧れるか、何を真似たいと思うか、嗜好が多様化しているのもファッションの特徴です。

トラベル 平均フォロワー数：約4万4865 平均年齢：27歳

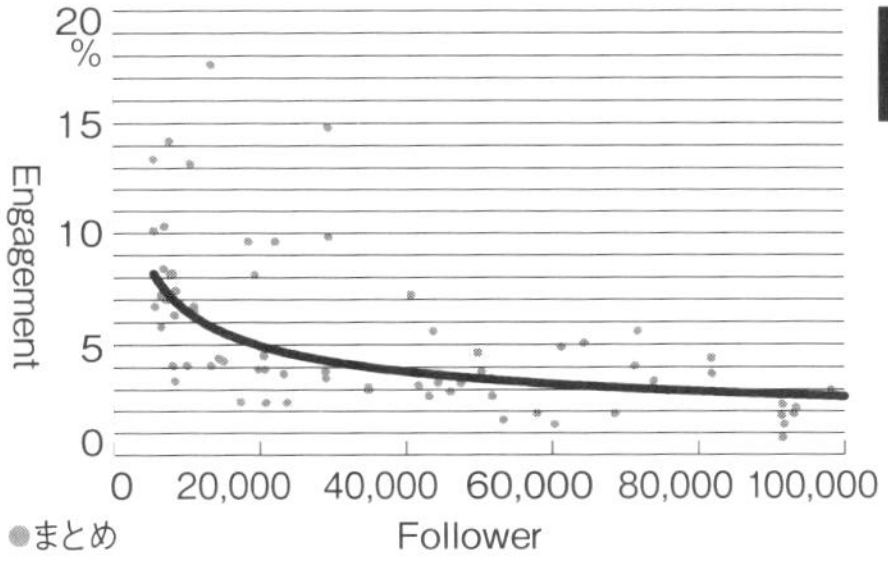

セグメント別 平均engagement(%)

全体：5.92%

5K~10K：7.50%

10K~40K：6.51%

40K~70K：3.50%

70K~100K：3.50%

デリ 平均フォロワー数：約4万4091 平均年齢：30歳

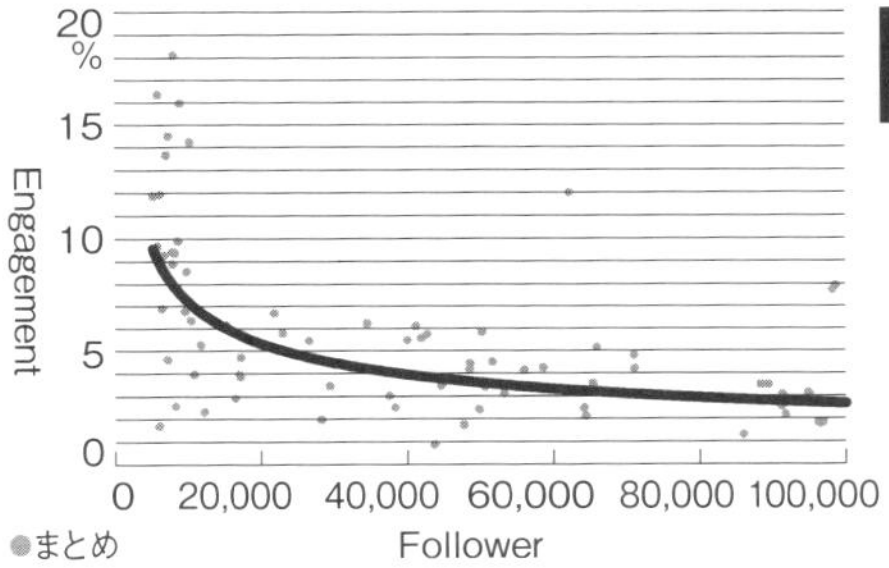

セグメント別 平均engagement(%)

全体：5.79%

5K~10K：9.67%

10K~40K：6.13%

40K~70K：4.29%

70K~100K：3.07%

ファッション 平均フォロワー数：約4万7953 平均年齢：26歳

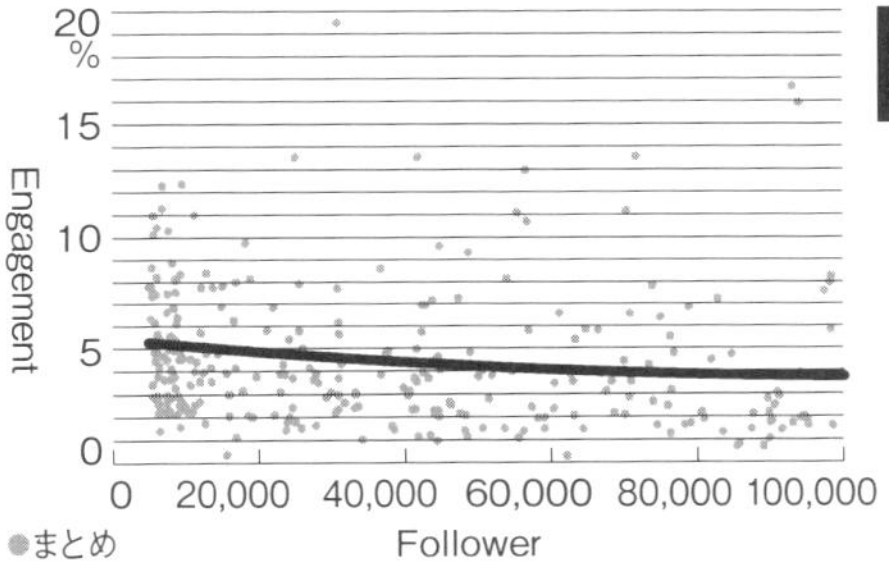

セグメント別 平均engagement(%)

全体：4.47%

大学生：6.15%

23~25歳：4.90%

26~30歳：3.85%

31歳~：2.99%

ビューティーもファッションに似た傾向を示していますが、男性からのエンゲージメントが得られにくい、ファッションよりもよりテクニカルなアイテムの使い方を求められるといった特徴があります。

エンゲージメント率には、インフルエンサーの年齢や性別、得意な分野が大いに関係します。

ですから、エンゲージメント率だけを見て、男子高校生のほうがビューティーに強い女性よりも影響力があり、共感を得られるインフルエンサーであると結論づけると、誤ったインフルエンサーマーケティングを展開してしまう恐れがあります。

最適なインフルエンサーの見つけ方

ビューティー 平均フォロワー数：約4万7228 平均年齢：28歳

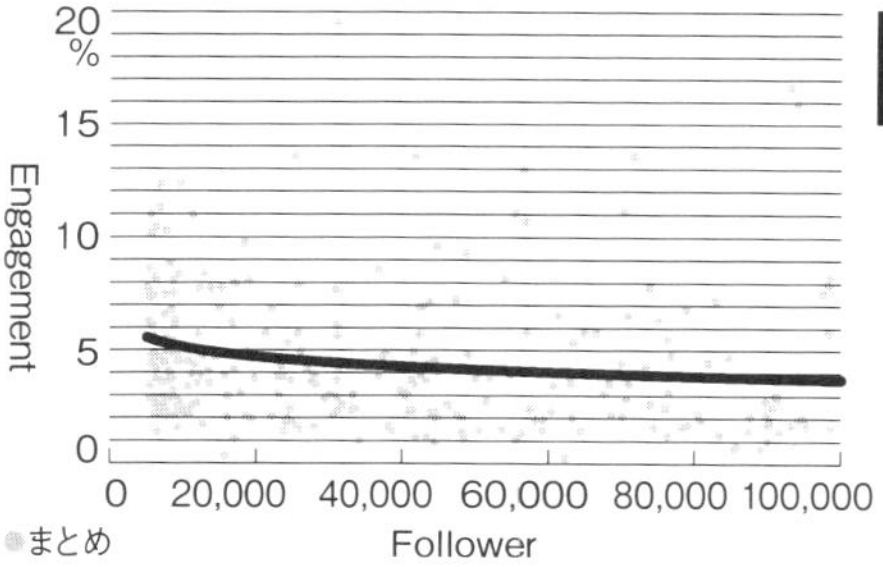

セグメント別平均engagement(%)

全体：4.20%

5K~10K：6.31%

10K~40K：4.68%

40K~70K：2.99%

70K~100K：2.84%

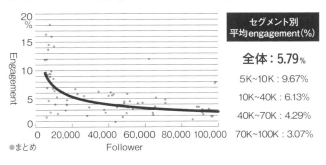

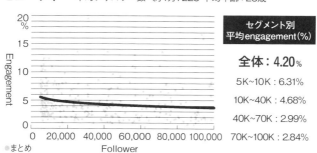

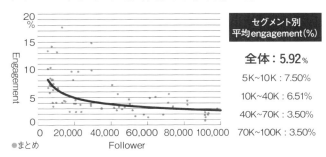

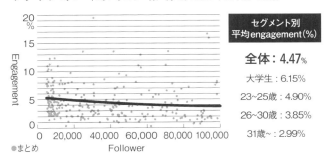

もしも海外ブランドの服をＰＲするなら？

仮にフォロワー数が同じで、エンゲージメント率が同じインフルエンサーが複数人いたとして、そのインフルエンサーたちのタイムラインは、まったく同じものではありません。同じ部数、読者との交流への熱心さが同じ雑誌があったとしても、その誌面が同じとは限らず、むしろ、まったく異なるのと同じです。

また、そのインフルエンサーたちに「30代女性」などのフィルターをかけても、やはりタイムラインはまちまちです。30代女性向けの雑誌にも、ファッション誌やコスメ誌、情報誌などがあります。ファッション誌に限っても、モード系やかわいい系、きれいめ系などの棲み分けがされているのと同じです。

インフルエンサーにＰＲを依頼する企業は、こうした違いを踏まえておく必要があります。

たとえば、あなたが外資系ハイファッションブランドのＰＲ担当者だったとします。ブランドのターゲットはシーズンごとのモードや、トレンドへの感度が高く、海外セレブのライフスタイルに憧れを持つ、被服費などにお金を惜しまないタイプです。

では、あなたは次のうち、どのタイプのインフルエンサーに、自社ブランドの新作の

PRを依頼するべきでしょうか。ここでは話を簡単にするために、エンゲージメント率には触れないことにします。

A　フォロワー数は約２万
B　フォロワー数は約６万
C　フォロワー数は約４万
D　フォロワー数は約３万

これだけを比較してしまうと、フォロワー数の多い順にB→C→D→Aとなりそうですが、それは、発行部数だけでタイアップ先の雑誌を決めるのと同じです。

インフルエンサーの「編集方針」を理解しよう

A

@15honoka
約1万~3万*
フォロワー

B

@kurumimi1113
約5万~7万*
フォロワー

C

@saaaay_k
約3万~5万*
フォロワー

D

@sayumikikuno
約2万~4万*
フォロワー

＊実際のフォロワー数とは異なります

雑誌の編集方針を理解するように、まずはそれぞれのインフルエンサーが、どのようなフォロワーを意識し、どのような世界を展開しているかを知るべきです。

Ａのインフルエンサーの投稿画面には、海外で撮影したものが目立ちます。雑誌で言えば、ハイエンドなラグジュアリーブランドのファッションが多数掲載される『ＶＯＧＵＥ』のような雰囲気です。

Ｂのインフルエンサーは、アイコンに顔のアップを載せていて、投稿写真にも自分自身が映ったものや、カラフルなコスメを多く選んでいます。ファッションは〝モテ系〟。雑誌でいえば、かつて蛯原友里さんや押切もえさんが専属モデルを務めた『ＣａｎＣａｍ』のイメージです。

Ｃのインフルエンサーには、コンサバティブなファッションのコーディネート提案のような投稿が目立ちます。小物やコスメも、落ち着いた色味のものを選んでいます。雑誌で言えば、働く女性のオフィススタイルを中心としたリアルクローズに強い『Ｏｇｇｉ』のような雰囲気です。

Ｄのインフルエンサーも、投稿からはファッションに強い関心を持っていることが伺えます。ただしＡからＣの３人に比べるとかなりカジュアルで、また、子どもと一緒の写真も目立ちます。自分自身のファッションだけでなく、子育ても楽しもうという姿勢が見えます。雑誌で言えば『Ｓａｉｔａ』のようです。

この４人のインフルエンサーは、おそらくほぼ同世代です。しかし、同世代の女性インフルエンサーといってもこれだけの違いがあるのです。

もちろん、外資系ハイファッションブランドのＰＲ担当者は、まずはＡのインフルエンサーにあたるべきです．

ミスマッチは誰も幸せにしない

そのインフルエンサーの特徴、世界観を理解せず、一方的な仕事の依頼の仕方をすると、誰も幸せになりません。

たとえば、このようなケースがあり得ます。

企業が、新規オープンのアンテナショップのＰＲのため、インフルエンサーマーケティングを行うとします。インフルエンサーの選定をキャスティング会社に依頼したところ、フォロワー数７０００のインフルエンサー30人を集めてきました。

ところが、ここで第一のミスマッチが起きます。

そのアンテナショップは、最新素材を使ったアウトドアグッズを揃えた店です。ところが、招かれたインフルエンサーの大半は、普段はガーリーな世界観を展開している人ばかり。インフルエンサーは、アウトドア一色のその店内で、どこを切り取れば店のＰＲにもなり、自分らしさも表現できるかを考え始めます。

　すると、キャンプ場をイメージしたエリアに、可憐な花があしらわれた小さなコーナーがあるのを見つけました。ここでなら、良さそうな写真が撮れそうです。

　ところが、投稿を依頼する企業は、アンテナショップの一角に設けた、撮影用のブースで写真を撮ってほしいと言います。自由を与えないのです。

　そのブースの背景には、原色を使った

“共感を創るインフルエンサー”

インフルエンサーにもタイプがある

アウトドアブランドのロゴが大きく印刷されていて、どうやって撮影しても、そのロゴが写り込んでしまいます。

ここに至り、招待されたインフルエンサーは、事前の確認が甘かったことを後悔しますが、すでに仕事として引き受けてしまった以上、今さら断ることもできません。

仕方なく、好みではないロゴが写り込むブースで撮影し、淡々と言われたとおりのハッシュタグを付けて、投稿しました。

すると、フォロワーはいつもと雰囲気の違う投稿に驚き、「いいね」を押しません。興味も持ちません。なかには、こんな投稿をする人だったのかとがっかりし、フォローを外す人も出てきて、インフルエンサーとしては困ってしまいます。

また、企業の側も、期待したような波及効果が得られず、インフルエンサーマーケティングに失望することでしょう。誰も幸せにならない結果に終わってしまいます。

こうしたことのないよう、どのインフルエンサーに依頼するかは、十分に検討すべきです。また、もしもガーリーな女性にもアウトドアに親しんでほしいという狙いがあったのだとしたら、たとえば撮影ブースのデザインに、招待するインフルエンサーの意見を反映させても良かったでしょう。たとえば、〝小国のお姫様が湖の畔にピクニックに出かけたら〟といったイメージのブースを作れば、インフルエンサーは企業によるその試みの面白さを、キャプションやハッシュタグで、フォロワーに伝えようとしたでしょう。そうすれば、写真にはロゴや、極端なことを言えばそのブランドの商品が映っていなくても、フォロワーの共感を呼べたはずです。

繰り返しになりますが、インフルエンサーには自由を与えるべきです。それを奪ってしまうと、インフルエンサーマーケティングをする必要性もなくなります。

Chapter 04

インスタグラムをビジネスに役立てる

- 「売る」「買う」の双方向でコミュニケーションできるインスタグラム
- 効率よく効果を得るには、アカウントのコンセプトやクリエイティブが大切

企業によるインスタグラムアカウント運用のコツ

企業がアカウントを運用するメリット

ＳＮＳの中でも現在、インスタグラムはインフルエンサーマーケティングの大きな舞台です。企業にとって、そこでアカウントを運用することに、多くのメリットがあります。まず、メリットの第一は、ユーザーにとっての情報源となれることです。

今の時代、企業がホームページを持つことのメリットを疑う人はいないでしょう。それと同じです。

インフルエンサーが増えていることと、商品・サービスをインスタグラムで検索する人の多さについてはすでに触れました。大勢の人がものを探すプラットフォームにアカウン

トを持たないことは、つながりの機会損失です。また、インスタグラムのアカウントに過去の投稿もストックしておくことは、何かのきっかけで企業やブランド、商品やサービスを知った人への、より深い情報提供を可能にします。

次に、認知の拡大が挙げられます。朝、目が覚めて最初に触れるアプリがインスタグラムという人も少なくない今、その活性化した場にアカウントを持ち、フォロワーを獲得することは、ブランディングの向上に貢献します。

メリットは、ＰＲの下地作りにもあります。テレビや雑誌などのメディアでは、インスタグラムでのトレンドを取り上げるケースが増えています。この本の冒頭で紹介したＶＩＮＹＬ ＭＵＳＥＵＭはそのいい例です。インスタグラムでの小さなしかけが大きく展開する可能性があるのです。インスタグラムのアカウント運用は、その展開のための下地といえます。

さらに、インスタグラムはお客様センターとしても機能します。インスタグラムはフェイスブックのような実名が前提のＳＮＳと比べ、気軽にコメントのしやすい環境にあるため、コメント欄やダイレクトメッセージで「どこで買えますか」「別の色はありますか」といった声が、すぐに集まってきます。また、企業側からも気軽に、商品やサービスを使っている顧客に「いいね」を押すことができます。双方向のコミュニケーションが可能になるのです。

付け加えると、インフルエンサーマーケティングを実施するとき、すべてをインフルエンサーに任せるわけにはいきません。

インフルエンサーは、フォロワーから共感を得ることができます。これは、人と人の関係です。インフルエンサーという人を通じて、フォロワーという人は、インフルエンサーの取り上げた商品やサービスに関心を抱くのです。では、その商品やサービスの公式情報がインスタグラム上に用意されていなかったらどうなるでしょうか。フォロワーの気分はそこで萎えてしまうでしょう。インフルエンサーマーケティングをしかけた意味がなくなってしまいます。

日本では2018年6月から、インスタグラムに「ショッピング」と呼ばれる機能が実装されました。これは、インスタグラムに投稿した画像から、画面タップだけで購入ページまでユーザーを誘導できる機能です。これまではインスタグラムの画面から購入ページに誘導するには、プロフィル欄からリンクをたどってもらう、出稿した広告から遷移してもらうといった方法を採る必要がありましたが、この新機能追加により、インスタグラムというＳＮＳは企業にとって、新しい市場になりました。

今や、インスタグラムにアカウントを持つということは、その市場に店舗を開設するということです。そして持たないということは、大きな市場に背を向けるということです。

では、企業はどのような公式アカウントを持つべきでしょうか。インフルエンサーの成功事例からも学びながら、そのノウハウを次にまとめます。

アカウント開設前にコンセプトを決める

アカウントの開設前には、コンセプトをしっかりと決めることが重要です。

Instagramの「ショッピング」機能

Instagramからユーザーが商品購入できる機能「ショッピング」。右画面の「ウェブサイトを見る」を押すと、販売サイトへ誘導される

当たり前のことのようですが、案外とできていない企業が少なくありません。おそらくは、インスタグラムに詳しそうなスタッフなどにすべてをまかせているケースが多いからでしょう。しかし、これまで書いてきたとおり、インスタグラムのアカウントは、雑誌を編集するように、しっかりとコンセプトを決めて運用しなくては、フォロワーの共感を得られないどころか、フォローを増やすこともできません。

インスタグラムのアカウントのコンセプトは、ウェブサイトやオウンドメディアと同等、あるいはそれ以上にしっかりと作り込むべきです。すでにインフルエンサーたちはそうしているので、このコンセプト作りの甘い企業アカウントは、どこか頼りなく、野暮ったく見えてしまいます。

左ページの図は、具体的に「良い例」と「悪い例」を参考として示したものです。左側はジャンルの特定もなく、画像のフィルターなど加工も統一されていません。そのため、「誰と会ったか」を伝える日記のような見栄えになっています。雑多な情報が並んでいて、一見しただけではこのアカウントが何を伝えようとしているのかわかりません。ブランドのコンセプトが伝わりにくい残念な例といえます。一方右側は、画像のフィルターや加工も同じトーンで統一しています。商品などの撮影でも、使っている人のライフスタイルを想像させる、生活のリアリティーをほんの少し思わせるような画像が並んでいます。ＰＲの対象となる商品や人がより魅力的に見える工夫がしてあり、アカウントの世界観が統一できているのがわかります。

こうした転換を測ることで実際の運用ではより共感を得やすくなり、フォロワー数増に貢献するでしょう。

このように、途中から路線を立て直すこともできますが、これからアカウントを開設するのであれば、あらかじめ、フォロワーにどのように受け止められたいのか、コンセプトをしっかり固めるべきです。

ただ、コンセプトは一度決めたら細部まで絶対に変えてはならないというものではあり

一目で「伝えたいこと」がわかるようなデザインが大切

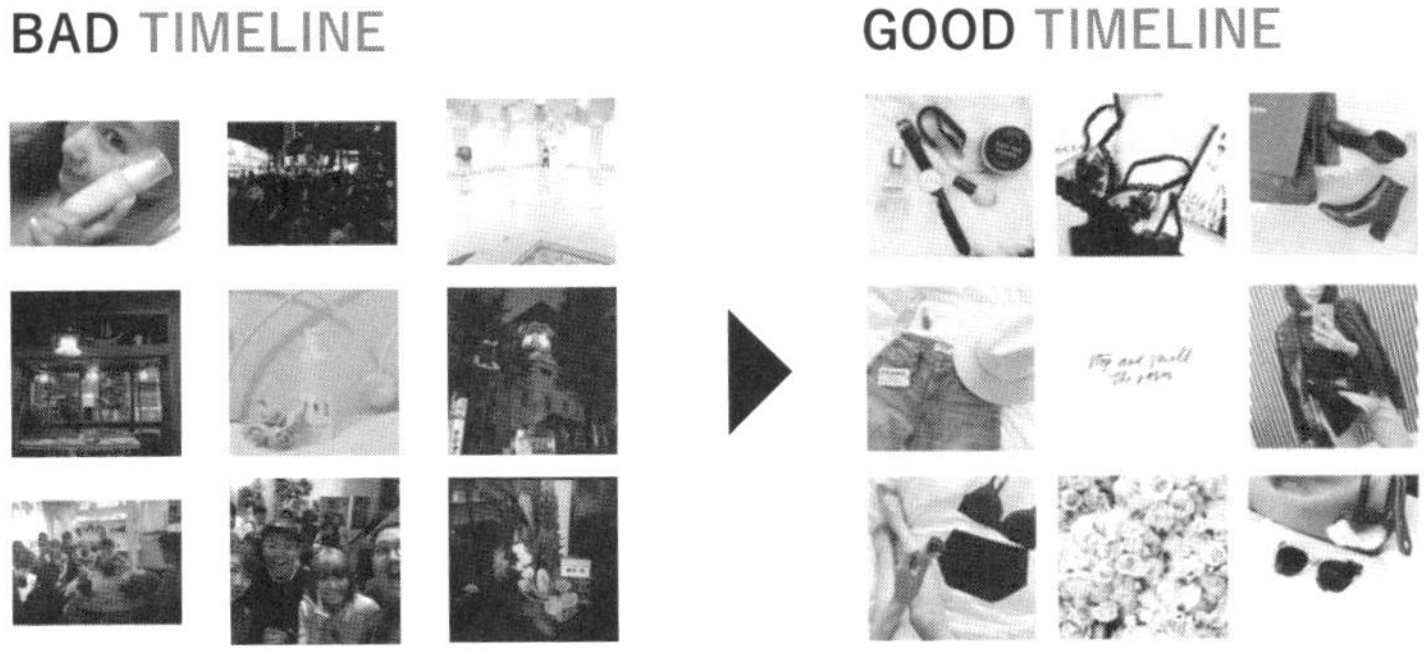

アカウントがどんなジャンルの情報を発信しているのか、
クリエイティブで直感的に伝えることが大切。

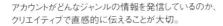

ません。

コスメやファッションなど、季節によって前面に押し出したい色が異なるような場合には、大まかなトーン・アンド・マナーは踏襲した上で、変化を加え、フォロワーを飽きさせないという工夫もできます。

写真は撮る前にも撮った後にも工夫する

写真が良くなければ見てもらえない

インスタグラムは写真のＳＮＳと呼ばれています。ツイッターやフェイスブックの場合も、文字だけでなく写真な

Creativeによる反応の比較

Good

いいね数：412
エンゲージメント率：3.39％

Bad

いいね数：60
エンゲージメント率：1.85％

反応が良い理由

- 被写体が明確で写真の意図が伝わりやすい
- ヌケ感や、全体的に外の明るい雰囲気などが出ている

どの画像を添えられますが、インスタグラムの場合は逆で、メインは写真です。

そのため、投稿する写真については、撮影前から十分な準備をする必要があります。たとえば、同じカフェラテを撮影するにしても、画面が全体に暗く背景がごちゃごちゃしている場合と、明るくて背景がすっきりとしている場合とでは、見る人に与える印象がまったく異なります。

アカウントのコンセプトに反さない限り、写真はとにかく明るめにするほうがいい印象を与えられます。

また、背景を整理するということは、チャプター3の終わりのほうで述べた、インフルエンサーに仕事を依頼する際には自由が必要であることと通じています。

背景に、写したいものとは無関係なものがいろいろと入り込んでしまうと、その写真の情報量が多くなり、見る人の視線は、見せたいわけではないところへも散ってしまいます。背景を整理するということは、見せたいものに視線を集中させるということです。

では、たとえば「コーヒーを飲んでくつろいでいる」というシーンを見せたければ、マグカップそのものだけを撮影すればいいのかというと、そうではありません。ここがインスタグラムの難しいところであり、興味深いところでもあります。

すでに記したように、ユーザーがインスタグラムで見たいのは、カタログのような写真ではなく、真似できるお手本、参考事例のような写真です。「仕事を終えて、ほっとひと息。コーヒーを飲みながら、リラックスしよう」というシーンを演出する場合、テーブルの上にコーヒーを注いだマグカップを置くだけでは、味気ない演出になってしまいます。コーヒーやマグカップといった商品そのものを訴求するのが狙いだったとしても、それを使ってほしいシーン、魅力がもっと増して見えるシーンの演出を考えます。たとえば、図の中央にある写真のように明るい場所でファッション雑誌とともにコーヒーを見せれば、それだけ

商材や素材を準備！
でもこれだけだと
なんだか味気ない…

小物をプラス！
明るい場所で
撮影すると綺麗に

手を入れることで
実際の“シーン”を
想像させる

コンセプトを明確にし、一目で「伝えたいこと」がわかるようなデザインが大切

でリフレッシュしている感覚を伝えることができるでしょう。さらに右の写真のようにマグカップに手を添えれば、この投稿をみたユーザーにもコーヒーの温かさを疑似体験させることができ、「自分ごと」として感じてもらえます。

こうした工夫は、雑誌のカメラマンやスタイリストがしていることでもあります。インフルエンサーは編集長でもありますが、その意向を汲んでものを配置し撮影する役割も果たします。

繰り返しになりますが、インスタグラムはカタログではありません。ですから、カタログ用に撮影した写真を流用しても、インスタグラム上ではそれはどこか冷たく、無表情に見えます。インスタグラムにはインスタグラムのために用意した写真を使いましょう。

撮影後の加工は必須

先ほど、写真は明るいほうがいいと書きましたが、明るくするのは撮影後でも可能です。インスタグラムにもいくつかフィルターが用意されていて、写真の明るさやコントラスト、彩度などを感覚的に変えられますが、それ以前に、別のアプリで加工をすることもできます。

かつてならアドビシステムズのフォトショップなど、専門的なアプリケーションソフトを使わなければできなかった加工が、今は無料のソフトを使って、短時間で可能です。アカウントのコンセプトを明確にするために、いつも同じフィルターを使うといった工夫ができます。

また、背景にはできるだけ無駄なものを置くべきではないということも書きましたが、撮影時にどうしても移動させられない邪魔なものなどは、レタッチで消すといいでしょう。

多くのインフルエンサーにとって、こうした加工は必須です。撮ってすぐにアップするわけではないのです。

投稿時には、起きた出来事順に並べることより、過去の投稿とのバランスを重

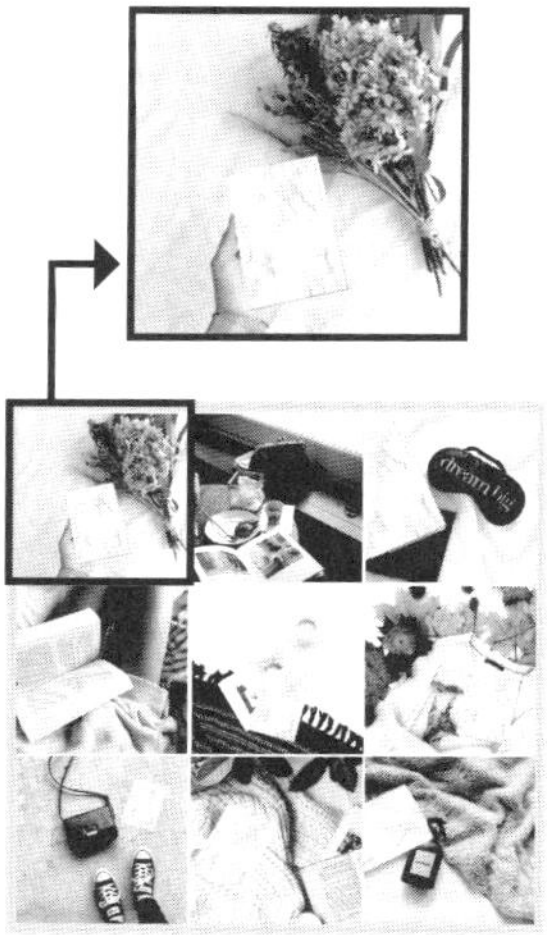

カタログにならないよう、写真の撮り方を工夫する

Work

Point

- 使用する小物
  ➡商品の色を小物にも合わせると統一感が出る
- 撮影シーン
  ➡季節や利用シーンを考える
- 商品の配置
  ➡リアル感を出す
  斜めに置いたり、本を開くのも◯
- まわりの画像とのバランス
  ➡商品アップが多めなので小物を使用しつつシンプルなクリエイティブに

視します。ほかのアカウントのページを見に行くと、過去の投稿は新しい順に、横3列のタイル状に表示されています。多くのインフルエンサーは、この横3列の中での、また、上下とのバランスを考えて、どの写真から投稿していくかを決めています。

撮影から投稿までのタイムラグが長いので、投稿のニュース性はツイッターやフェイスブックなど、ほかのSNSに比べると高くありません。インスタグラムのユーザーが、商品やサービスはインスタグラムで検索する一方で、出来事については従来の検索サイトで調べることが多いのは、このことと無関係ではない

Instagram投稿以外の機能

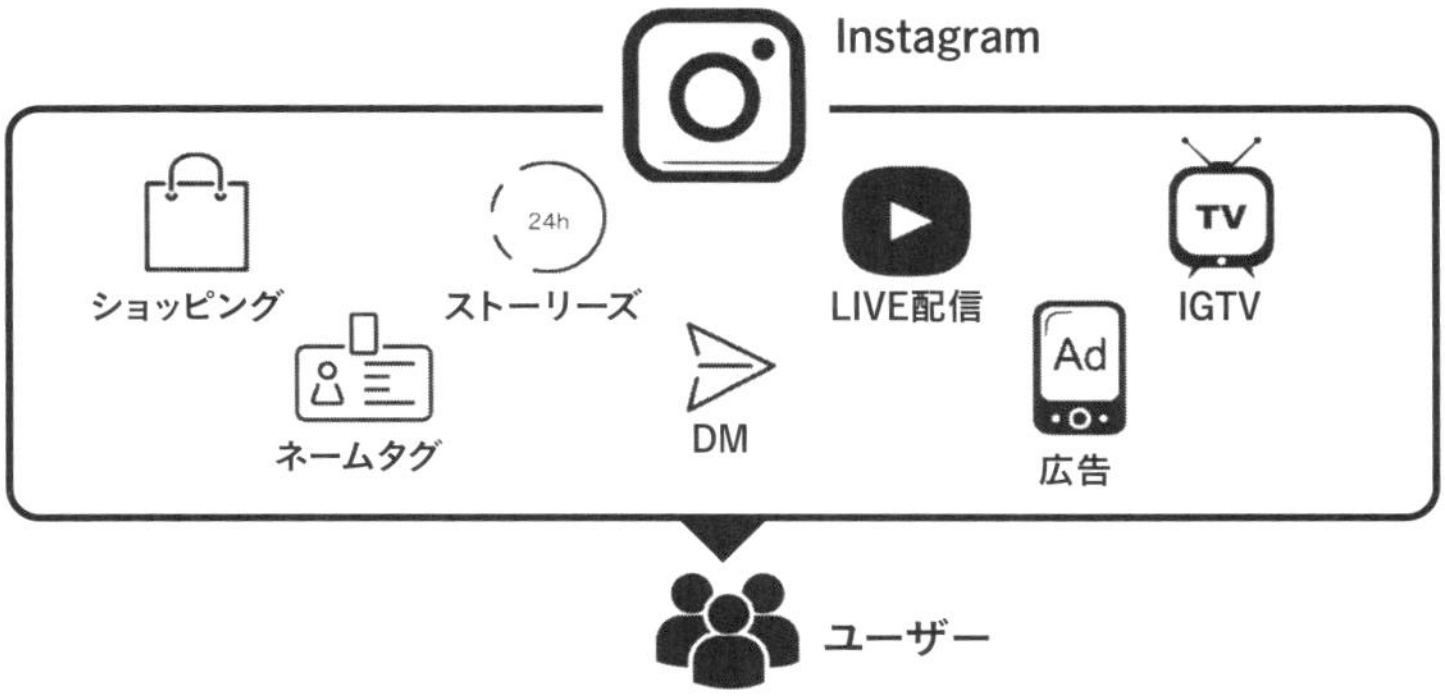

ビジュアルコミュニケーションによる承認欲求を得るためだけのSNSではなく、
ショッピングやリアルタイムでの情報共有、
ライブ配信まで様々なコミュニケーションのための機能が搭載されている。

でしょう。
しかし、ここ最近では、インスタグラムにも速報性が取り込まれ始めています。

「消える」ストーリーズの活用法

インスタグラムでは動画も公開できますが、利用率は静止画ほどではありません。その理由は、静止画の場合は、撮影後も簡単に、いかようにも加工できるのに対し、動画の場合は加工が難しいからだと私は考えています。動画になったとたん、静止画とはその人の印象がまったく変わってしまうことが珍しくないくらい、静止画の加工は当たり前のものになっています。

しかし、２０１６年8月にインスタグラムに追加された新機能であるストーリーズでは、動画もかなり活用されています。

ストーリーズとは、公開から24時間経つとインスタグラム上から消える投稿です。また、ストーリーズを公開すると、その告知がフォロワーの画面の上部に出されます。これは、インスタグラムに追加された機能の中でもかなりインパクトの強い、そして、ユーザーの使い方を変えた機能といえます。

私の身近に、日本時間の深夜に試合が行われていた２０１８年のサッカーワールドカップロシア大会の結果はすべて、このストーリーズで知ったという20代男性がいます。彼にとって、スポーツの結果のようなものも、ヤフーやグーグル、スポーツ専門サイトではなく、インスタグラムで検索するものになっているのです。

普段は時間をかけて作り込んだ写真を投稿しているインフルエンサーが、そのときだけは外出先の様子などをほぼリアルタイムで公開することもあります。これは、普段は作り込まれた写真を見ているフォロワーにとって、舞台裏の公開の

ストーリーズ機能の需要が増加

通常投稿よりもストーリーズのほうが活発に

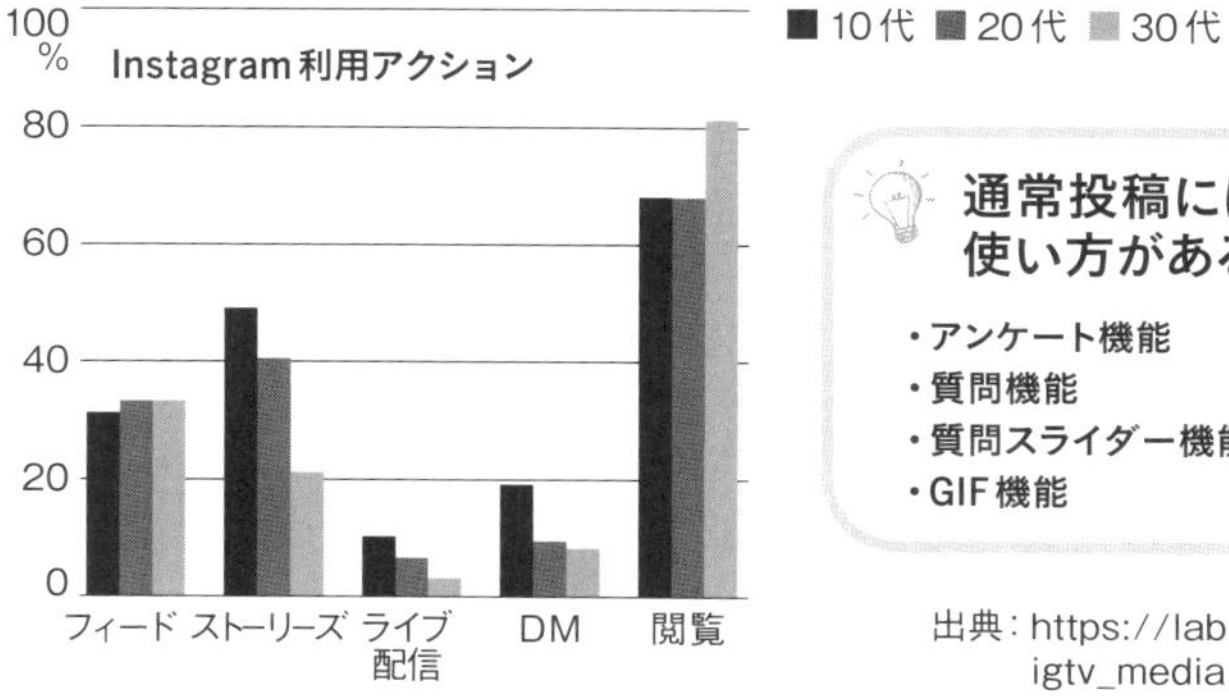

通常投稿にはない使い方がある！

- アンケート機能
- 質問機能
- 質問スライダー機能
- GIF機能

出典：https://lab.testee.co/igtv_media

気軽な動画として投稿できる「ストーリーズ」機能の利用が増えている。“体験”をより精密に、情緒的に伝えることができる

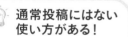

ように映り、好意的に受け止められることが大半です。公開する側も、ストーリーズならタイムラインのように見える形でデータが残らないので、よりカジュアルに投稿できるようです。

このストーリーズは、今では、リアルタイム性という特性を活かして、さまざまな使い方がされています。

たとえば、タイムセールの告知です。その告知は24時間で消えるので、すべての人が知り得るわけではありません。そのセール情報は見た人だけに届くので、それがお得感につながります。

ただし、ストーリーズには次で説明するキャプションは付けにくいので、

Instagram投稿のテキスト文字数の変化
（2015〜2018年、リデル調べ）

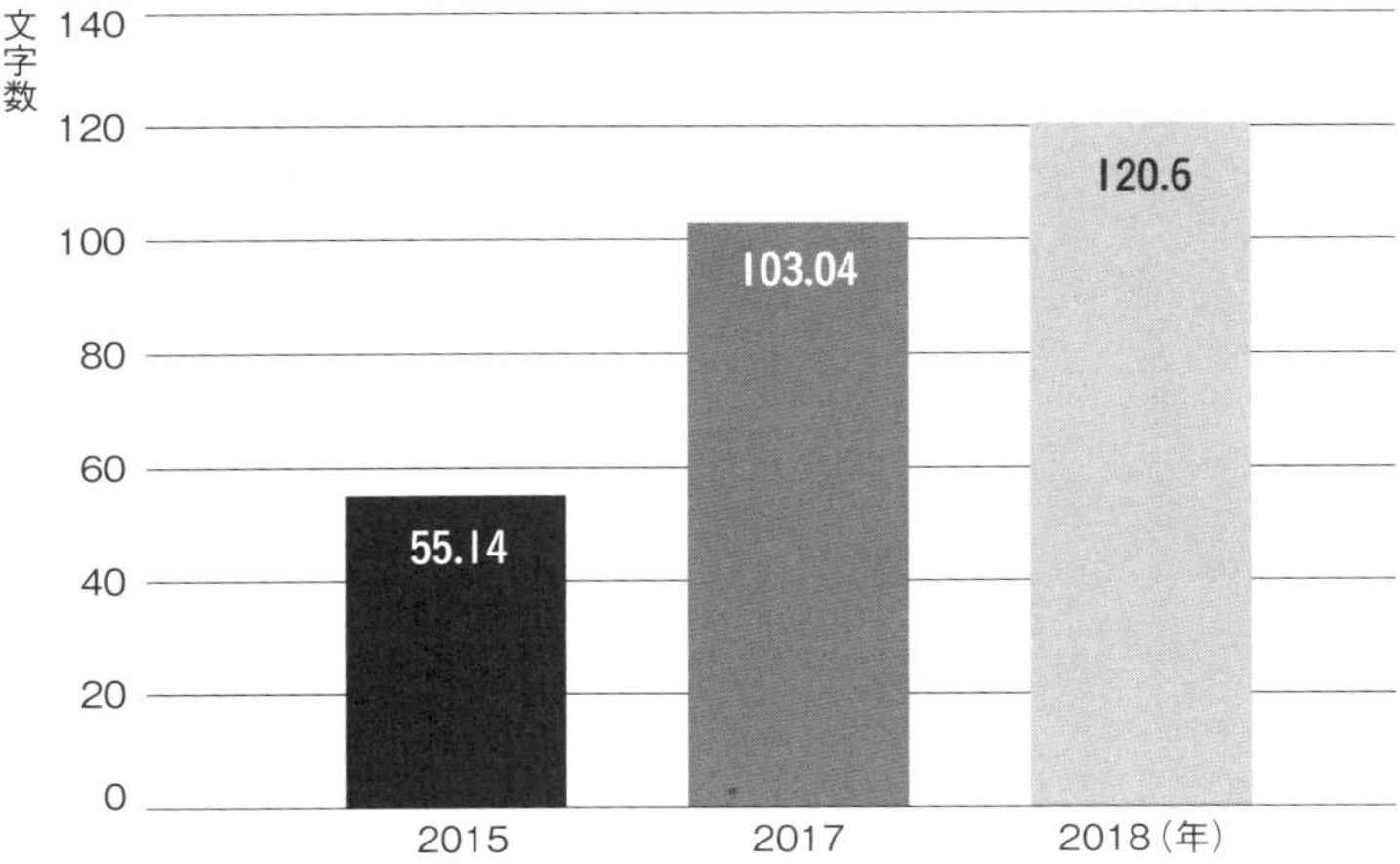

文字情報を付加したければ、写真に直接書き込む必要があります。

インスタグラムは写真〝だけ〟ではない

文字情報のない写真には価値がない

インスタグラムは写真のＳＮＳではありますが、投稿は、その写真と文字情報を組み合わせることで完成するものです。

投稿に組み合わせる文字情報には、キャプションと呼ばれるものと、ハッシュタグと呼ばれるものがあります。

この2つがあるので、写真そのもの

憧れ
＜
参考
先進的なユーザーが
自分のセンスをアピールする場。
その魅力に憧れる人がフォロワーに。
Instagramのユーザーが多様化。
「自分が欲しいものや情報」を
探す場に。

憧れの観賞から、参考としての実用へ。

Instagramユーザーの利用意識は、「憧れ」から「参考」へと変わってきている（リデル調べ、2015年と2017年を比較）

はどこか説明不足でもかまいません。むしろそれが、余白や奥行きとして見る人に想像の余地を与えます。

キャプションには主に、その写真を撮った背景や、そこに映っているものの説明を書きます。写真の説明文です。しかしそのキャプションの書き方にもアカウントのコンセプトと、ターゲットにするフォロワーを意識すべきです。10代に共感されたいのなら絵文字を多用しカジュアルに、30代ならすっきりとした見た目で敬語を使う、50代以上なら文章から情報を得たい人が多いので、しっかり長めに書くといった工夫が必要です。

使用感の伝わりやすい画像とキャプション

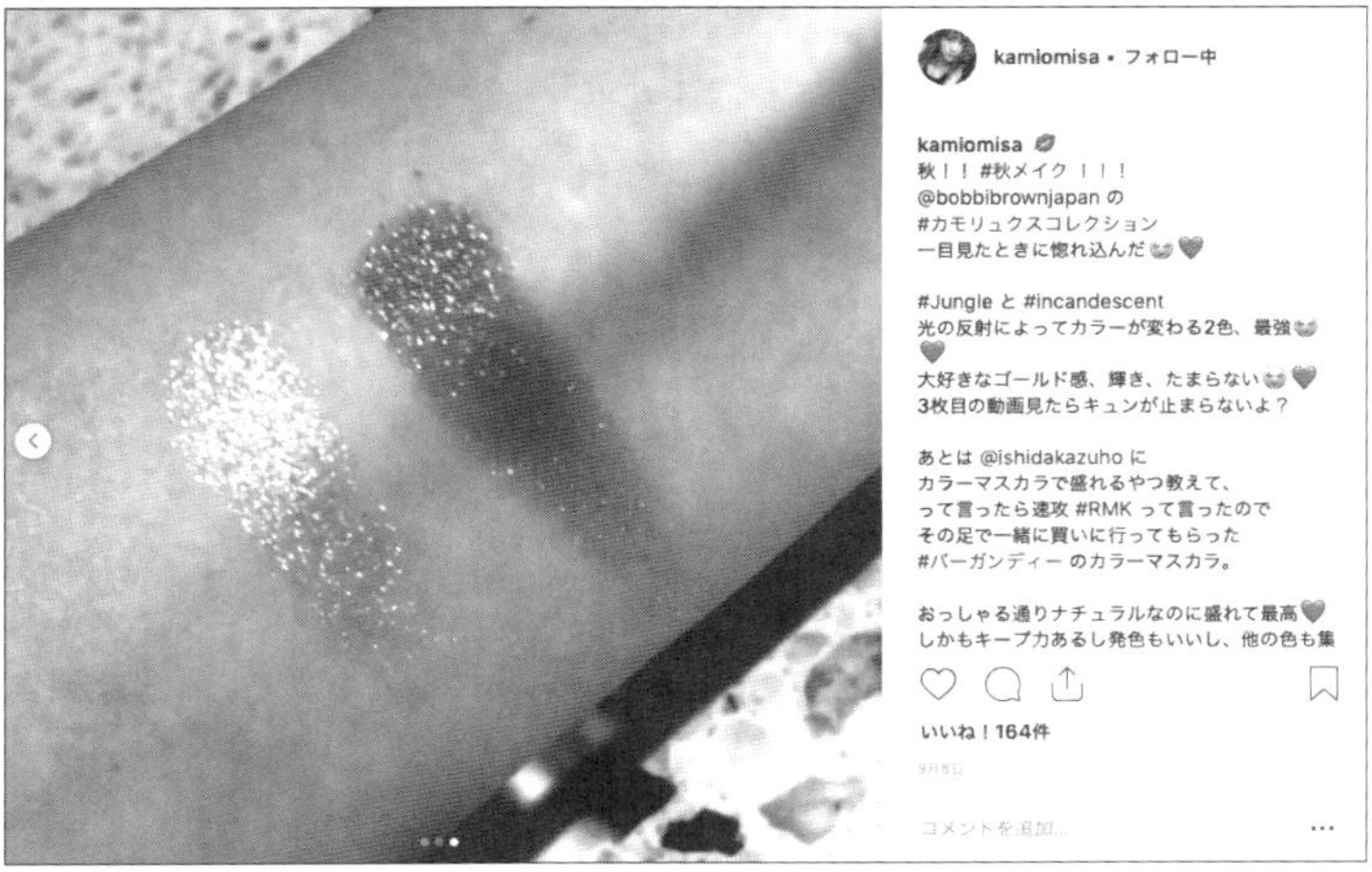

写真でイメージを伝え、キャプションで商品の特徴などを説明する

このキャプションは、年々、重視される傾向にあります。インスタグラムの初期には写真だけの投稿もよく見られたのですが、最近の、特に企業が運用するアカウントの場合には、キャプションによる文字情報で、伝えたいことをしっかり表現しています。

これは、フォロワーのニーズが憧れの対象を観賞することから、参考となる情報を得ることへとシフトしているせいでしょう。

チャプター3でも触れたように、インスタグラムは、センスのいい一部の人だけのものから、より一般の人が楽しむツールに変わってきました。そこには、憧れから参考へのシフトといえるような変化も見られています。投稿される写真には、作品のようなものの比率が下がり、わかりやすく、見た人が真似しやすいものが増えています。

キャプションにも、見た人がすぐに真似できるようなサポートが求められます。

ハッシュタグは検索キーワード

写真にはキャプションのほか、ハッシュタグでも文字情報を付加できます。

「＃ｏｏｔｄ」というハッシュタグをご存じの方も多いでしょう。これは、アウトフィット・オブ・ザ・デイの頭文字を並べたもので、「今日のコーディネート」という意味です。世界中のインスタグラマーが使っているので、このハッシュタグで検索すると、あらゆる国の、あらゆる世代の人の今日の服装を見ることができます。

　ハッシュタグを付けるという行為は、すでに書いたとおり、写真に検索キーワードを付加する行為です。この写真には、この投稿には、どんなキーワードで検索した人にたどり着いてほしいか、または、どんなキーワードで検索する人が多いか、などを考えて、付けていくことになります。

　ハッシュタグが付いていない写真は、検索の対象から外れます。このこ

ハッシュタグの効果

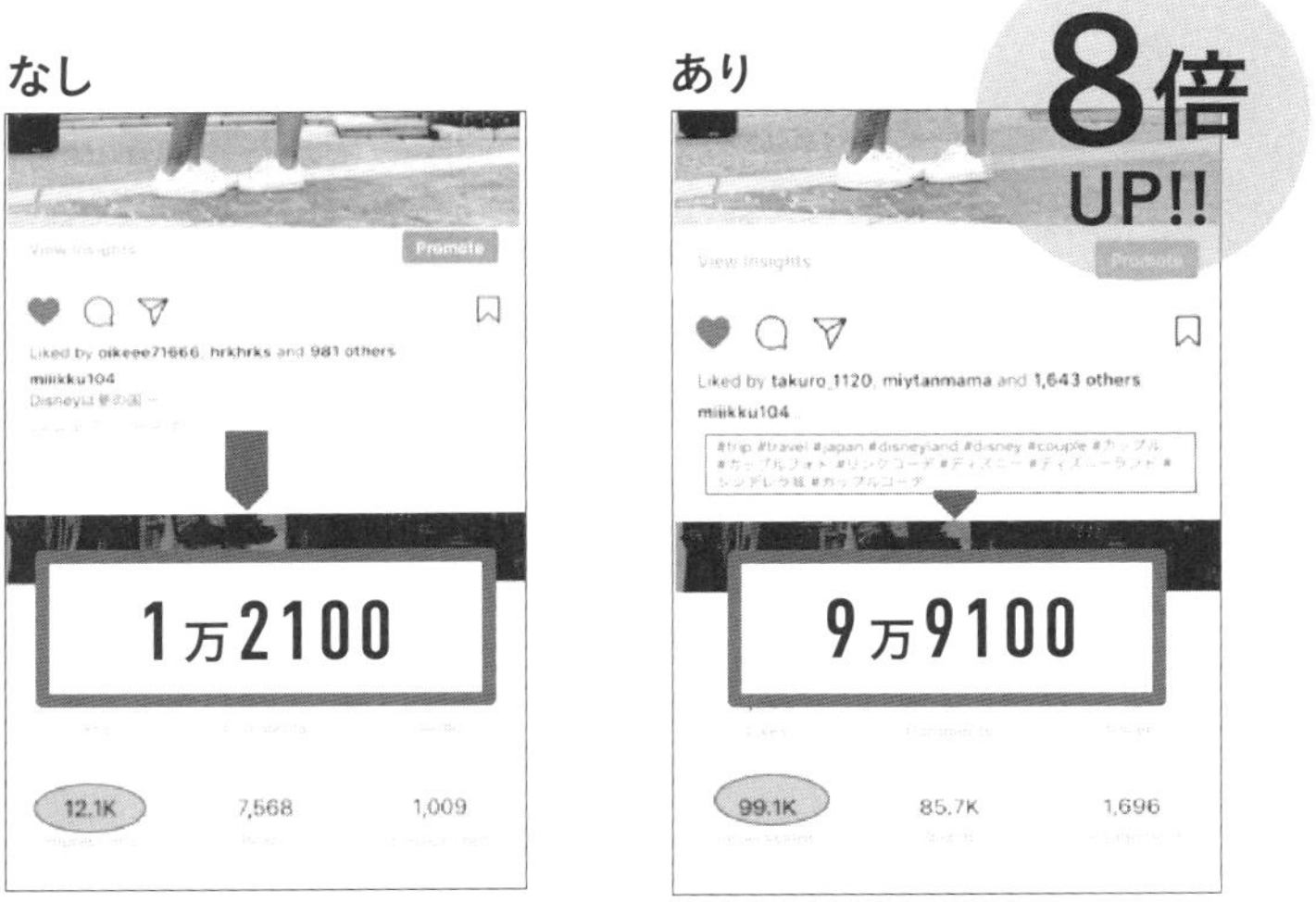

※検証時のフォロワー約１万　※期間１週間

とは実証済みです。フォロワー数1万ほどのインフルエンサーに、時間を空けて同じ投稿をしてもらいました。変えたのはハッシュタグ数で、片方はゼロ個、もう片方は11個としました。

すると、前者の場合は約1万２０００回、見られたことがわかりました。ほぼ、フォロワー数と同じです。ところが後者の場合は、ハッシュタグがない場合に比べてその数字が8倍になりました。これほどまでに、ハッシュタグの力は強力なのです。

ただ、インスタグラムにはほかの検索サイトとは異なる特徴があるので、それをよく理解した上でハッシュタグを付ける必要があります。

グーグルのような検索サイトの場合は「冬　コーディネート　きれいめ」といったように、複数の検索キーワードを並べることで絞り込む検索ができます。

しかしインスタグラムの場合は、一度の検索ではひとつのキーワードしか使えません。そのため、さきほどグーグルの例で挙げたような内容を検索したければ「#きれいめ冬コーデ」と検索するか「#冬コーデ」で検索してから自分がきれいめだと思うものを見つけ出すか、すでに季節が冬なら「#きれいめコーデ」だけで検索するかは、ユーザーによって異なります。

いずれのユーザーにも投稿に気付いてほしければ、「#きれいめ冬コーデ」「#きれいめコーデ」「#冬コーデ」、すべてのハッシュタグを付けることになります。18年10月時点で、ハッシュタグはひとつの投稿につき、30まで付けることができます。これは、ひとつの投稿に対して、検索からの流入経路を30まで用意できるということです。

また、ハッシュタグは企業側がユーザーの投稿を探すときにも有効に活用できます。

普段の投稿に、社名やブランド名のハッシュタグを添えておくと、ユーザーはその企業の商品やサービスに関する投稿をするときに、そのハッシュタグを付けてくれるようになります。

すると、ユーザーの投稿を見た人にはそのハッシュタグが届きます。商品が映っていれば「ああこれがこのハッシュタグの会社やブランドの商品なんだな」と伝わります。投稿したユーザーにフォロワーが1万人いれば、1万人にそう気付いてもらえるのです。企業側のコストは、ハッシュタグを用意することだけです。

ただし、1万人もフォロワーのいるインフルエンサーは、自分の投稿に、どんな企業のハッシュタグでもつけるわけではありません。ビジネスとしてPRを依頼されている場合は別ですが、そうでない場合は、その商品がどこの企業のどのブランドのものか知っていて、なおかつ、その公式アカウントの存在を知っていても、ハッシュタグを付けないことがあります。

それは、その公式アカウントに並ぶ投稿が、89ページの図にある「BAD TIMELINE」のように、雑多であるような場合です。フォロワーの反応を気にするインフルエンサーは、自分の作品でもある投稿に、センスの感じられないアカウントへの導線を設けたくないのです。

企業の用意するハッシュタグには、もうひとつ、便利な使い道があります。

企業側は、そのハッシュタグで検索することで、自社の商品やサービスがどのように使われ、インスタグラムでどのように評価されているかを簡単に知ることができるようになります。

ハッシュタグは戦略的に付ける

ハッシュタグは流入経路のドアであり、ユーザーに自発的なPRを促す装置であり、また、企業にとってリサーチのキーワードです。ですから、30のハッシュタグは戦略的につける必要があります。

まず、検索からの流入経路は多ければ多いほどいいので、ハッシュタグはできるだけ上限の30にまで近づけるべきです。

ここで、挑戦してみましょう。

この写真をInstagramに投稿するとしたら、どのようなハッシュタグを付けますか?

#トンネル	12.5万件	▶▶▶	#トンネルの中	1666件
#旅行	1228万件		#旅行先で	1109件
#風景	454万件		#風景好き	1879件
#フォトジェニック	216万件		#フォトジェニックの旅	1222件
#カメラ女子	856万件		#カメラ女子同好会	1923件

左が投稿数の多いキャプションで、右は同様の意味を表しているが投稿数の少ないキャプション(リデル調べ、2018年7月末現在)

右ページ上の写真に、ハッシュタグを付けてみましょう。いくつ思い浮かぶでしょうか。ひらがな、カタカナは区別されます。絵文字を含むか含まないかでも区別されます。やってみると、案外、30というゴールは遠いことがわかるでしょう。しかし、なんとか絞り出した最後のハッシュタグが多くの人を呼び込んでくれるかもしれないので、ここは頑張りどころです。英語はもちろん、韓流のファンにアピールしたければハングルでのハッシュタグも有効です。

さて、30まで揃ったとしても、そのハッシュタグが本当に検索キーワードとして機能するかもよく考える必要があります。

よくありがちなのが、「この投稿は働く女性に届けたいので〝#キャリアウーマン〟というハッシュタグを付けよう」という間違いです。

キャリアウーマンが、「#キャリアウーマン」というハッシュタグで検索をするでしょうか。彼女たちに届けたいのであれば、彼女たちが興味を持って自ら検索窓に打ち込む言葉をハッシュタグにするべきです。「#キャリアウーマン」よりも、「#オフィスコーデ」や「#読書好きの人とつながりたい」「#残業おやつ」などのほうが、リーチしやすいのではないでしょうか。

また、インスタグラム上で実際にハッシュタグを入力すると、そのハッシュタグが過去に何回使われているか表示され、多くの人が使ってきたハッシュタグなのか、まだ数人しか使っていないハッシュタグなのかがすぐにわかるようになっています。

多くの人が使うハッシュタグ、たとえば「#クリスマス」「#東京」なら、それだけ多くの人がその言葉で検索する可能性があります。ほとんど誰も使っていないハッシュタグ、たとえば「#東京で過ごすクリスマス」の場合は、そのハッシュタグで検索する人の数は少ないものの、そのハッシュタグで検索した人にはダイレクトで投稿が届きます。

こうした違いがあるため、30のハッシュタグを付ける際には、多くの人が使っているハッシュタグ、ほとんど使われていないハッシュタグをバランス良くちりばめるのがいいでしょう。

また、ハッシュタグで検索をすると、結果の画面は「トップ」と「最近」というタブで切り替えられるようになっており、デフォルトでは、トップの側が表示されています。「最近」のほうには、そのハッシュタグの付いた投稿が、新しい順に並んでいます。

できるだけ多くの人にリーチするには、なんとかしてトップに表示されたいものです。どうしたらトップに表示されるのか。このアルゴリズムを、インスタグラムを運営するフェイスブック社は公開していません。

しかし、私たちのリサーチでは、そのハッシュタグが過去に何度使われてきたかと、フォロー数に相関がありそうなことがわかってきました。18年10月時点では、ハッシュタグが利用されてきた回数が、アカウントのフォロワー数の10倍から10分の1であるとき、そのハッシュタグの検索結果の「トップ」に掲載される傾向にあります。フォロワー数が1万なら、これまで1000回から10万回使われてきたハッシュタグを付けると、そのハッシュタグの「トップ」扱いされやすいということです。

ここではもうひとつだけ、ハッシュタグについて触れておきます。

ハッシュタグは検索キーワードです。ですから、ユーザーがそのときに知りたいことをハッシュタグとして投稿できれば、検索して見つけられる可能性が高くなります。

またハッシュタグはそれが付けられた投稿の印象も大きく左右します。たとえば、私たちが確認した時点で「#ガムの日」が付けた投稿は19件であったのに対し、「#ポッキーの日」が付いた投稿は16万5000件ありました。「#ポッキーの日」というハッシュタグがこれまでこれだけ多くの回数使われてきたことは、フォロワーから「ああ、ポッキーの日というのがあって、みんなそれを知っているんだ」と受け止められ、そのハッシュタグ

情報の信頼度UP

・ハッシュタグ件数＝投稿された件数
・大きなムーブメントもしくは一般的によく使われているワード
・認知度が高い

ハッシュタグによる投稿件数の違い

が付いた投稿は信頼されやすくなりますが、「#ガムの日」の場合は、それとは異なる印象をフォロワーに与えることになるでしょう。

エンゲージメントを高めるのはコミュニケーション

「いいね」やコメントでエンゲージメントを高める

インスタグラムは、アカウントを開設し、キャプションやハッシュタグを付けた写真を投稿して終わりではありません。公式アカウントの存在を知ってもらい、フォローしてもらい、関係性を深めていく努力はこれからです。

検索によって、自社の商品やサービスに触れている投稿を見つけたら、「いいね」を押したり、御礼や感想をコメントしましょう。それが、企業が公式アカウントの認知を広めるための第一歩です。

「いいね」やコメントをもらった方は、一個人が企業からアクションされることに驚き、そして喜びを覚えます。これはフォローにつながり、エンゲージメントにもつながっていきます。

コメント欄で質問されたら、応対します。そのやりとりはほかのフォロワーの目にも留まります。

インスタグラムへの投稿は、アカウントをツイッターやフェイスブックなど、ほかのSNSのアカウントと連携し、自動投稿させることも可能です。

また、店舗など、フォロワーとのリアルのタッチポイントを持っている場合は、そことの連携も重要です。

ストーリーズでタイムセールの告知ができると書きましたが、リアル店舗のセール情報も、ストーリーズなどで告知できます。

FacebookやTwitterなどの自社の各種SNSがある場合、
Instagramと連携することでリーチ数を増やすことができる

Instagramで投稿した内容を連携先に自動で投稿することができる

インスタグラムでは、ユーザーは現在地から『近くのスポット』を探すこともできるので、近くにいる人へのリーチが可能です。

アカウントの態度を見ている

前の項で、自社の商品やサービスに触れた投稿があった場合に、「いいね」を押したり、御礼や感想をコメントしましょうと書きましたが、「いいね」を押すのと、コメントをするのでは、そのために必要なエネルギーが違います。「いいね」は、見つけたらすぐにその場で押せますが、コメントの場合は、ある程度テンプレートを用意して

ユーザーに対して自分のアカウントからアクション（いいね・コメント）をすることにより、多くの反応（エンゲージメント）が期待でき、自分のアカウントをフォローしてもらえるきっかけになる。

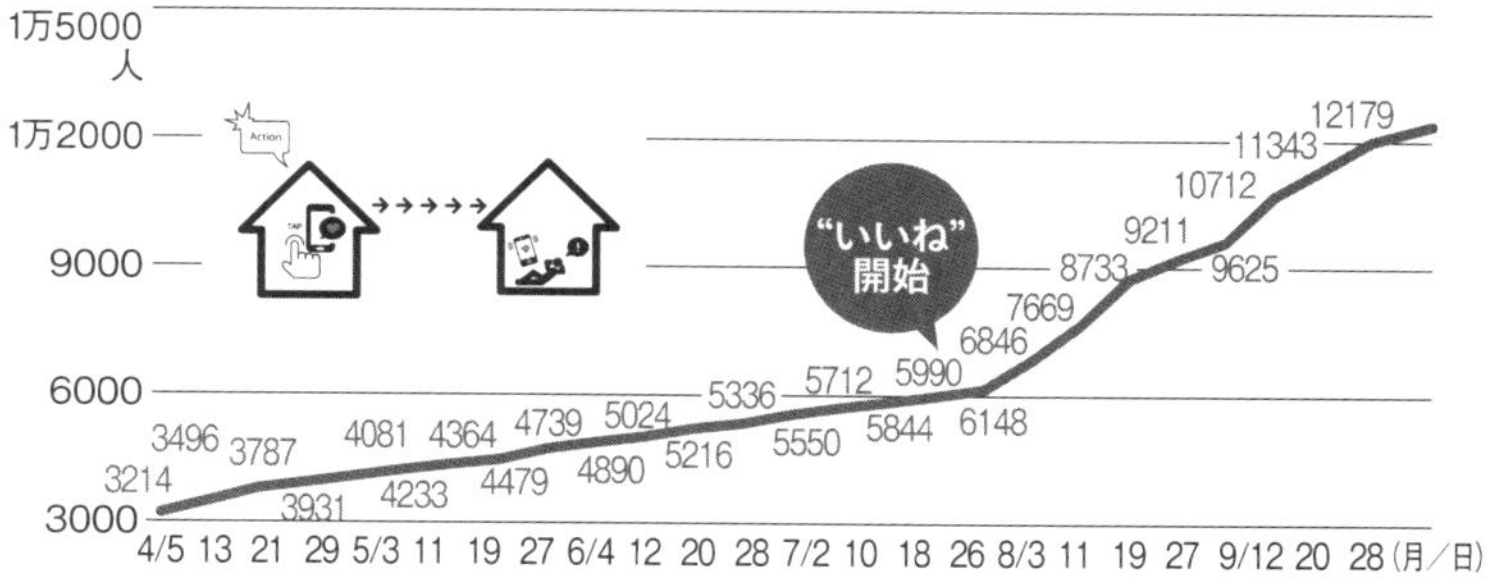

・こちらからアクションを起こし、相手に気づいてもらうことが必要
・ターゲットを見極め、親和性の高いアカウントに対してのアクションが肝心

いたとしても、投稿内容に合った文面をその都度、考える必要があります。

だからこそ、「いいね」をされるよりコメントをもらったほうが嬉しいのですが、もらった側は、コメントしてくれたアカウントの態度を見ています。そして、一生懸命、あちらこちらの投稿でコメントして回っていることを知ると、どこか醒めてしまうこともあります。

これについてもアカウントのコンセプトを決めるときに、フォロワー数がどの程度になるまではコメントをし続けて頑張るのか、「いいね」に留めて落ち着きを取り戻すのか、考えておくといいでしょう。

ハッシュタグの数についても同様です。多いことのメリットについてはすでに触れましたが、上限ぎりぎりまでつけると、ともすると、〝過剰な必死さ〟と映ります。

これを少しでも緩和するため、ハッシュタグは目立たないようにコメント欄につけるインフルエンサーも少なくありません。

また、ある程度のフォロワーを確保し、エンゲージメントも高められたと判断したインフルエンサーの中には、あえてハッシュタグをひとつも付けない人もいます。これにより、現在フォローしてくれている人にしか投稿が届かないことになりますが、新規フォロワーを増やすより、今のフォロワーの満足度を高めることを優先させているのです。

変化を続けるインスタグラム

何がエンゲージメントを高めていくのか

チャプター1でエンゲージメント率は「いいね」とコメントの多さで測れると書きました。また、インスタグラムは「いいね」をしたりされたりしやすいSNSです。コメントも、実名が前提のフェイスブックよりはしやすく、ツイッターに比べると投稿に手間をかける余裕のある人が集まっているので、ある種の秩序があり、47ページで記したように、アクティブユーザー数が急増してもいるのでしょう。つまりインスタグラムは、ほかのSNSに比べると、工夫次第で、エンゲージメント率をぐっと高められる場です。フェイスブックやツイッターと比べると、インスタグラムはユーザーのアクティブ率（会員、アカウント総数に占める、実際に投稿している数が占める割合）が高いのです。

しかし、これは現在の話です。

サービス開始直後のインスタグラムは、今よりももっと写真に特化した場でした。そこにキャプションによる説明がなくても、トップクリエイターによる写真に心をつかむパワーがあれば、それでエンゲージメントを得られていたのです。

しかし、ユーザーの増加にともなって、ハイセンスな写真だけではエンゲージメントは得られにくくなっています。素敵な写真があれば、それに憧れはするけれど、自分の生活には参考にならず、役にも立たないと考える人が増えているからです。こうした人たちにとっては、ハイブランドの広告のようなイメージ写真より、言葉でのメッセージのほうが刺さるかもしれませんし、ハウツーが盛り込まれた動画のほうが支持されるかもしれません。何がエンゲージメントを獲得するかは、時代とターゲットによって異なるのです。

今この瞬間は、「いいね」やコメントによるコミュニケーションが最も大きな影響を与えると私たちは分析していますが、これは今後、変わっていく可能性が高いといえます。

インスタグラムは市場になり、国家になった

では、そうした変化に企業はついていくべきかというと、「いくべきだ」というのが私

の考えです。

インスタグラムのユーザーはまだまだ増え続け、コモディティー化はますます進みます。これは、インスタグラムのマス化がさらに進行するということです。今はまだ、20代、30代が中心のSNSですが、時間が経つにつれて、インスタグラマーの平均的プロフィルは、実際の世の中で暮らす人のそれに近づいていくでしょう。

インスタグラムが「限られたおしゃれな人のSNS」から「誰もが使うSNS」へと変わり、誰もが情報を発信するマスメディアへと変貌を遂げています。これは、先鋭的だった時代を懐かしむ人にとっては由々しき事態ですが、しかし、流行とはこ

「Instagram、メインストリーム市場化への道」

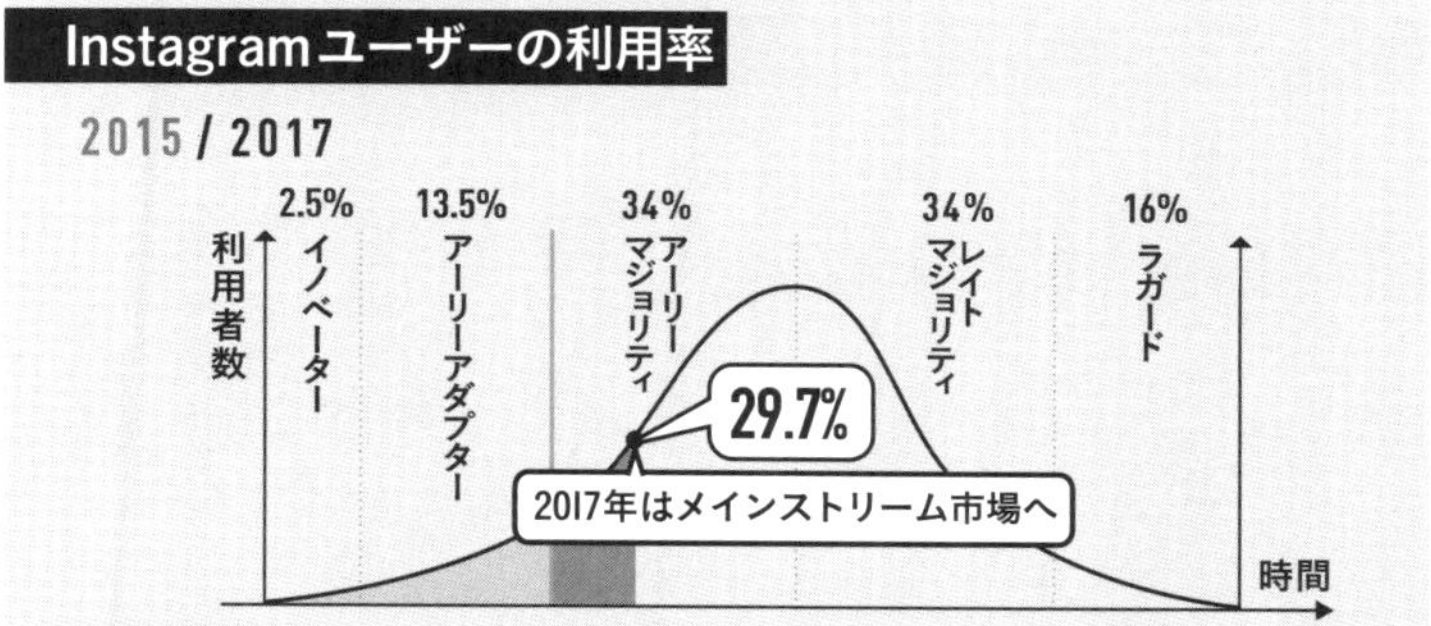

2017年のInstagram利用率は全SNSユーザーの29.7%。
キャズムを超え流行に敏感な層を模倣するユーザーがコミニュティー内で増え始め、
今後数年以内にクリティカルマスを超えると予測される。
2017年になると価値観の違うアーリーマジョリティが流入。メインストリーム市場へと変容。

うして一般化していくものです。

　また、並行して別の変化も起きています。前にも触れた『ショッピング』の導入などによる、インスタグラムの市場化です。人々は、インスタグラムで見つけて、いいなと思ったものを、その場で購入し始めています。インスタグラムは決済のプラットフォームにもなってきているのです。

　インスタグラムは、ウェブブラウザーとメールソフトがコミュニケーションの窓口である旧来のインターネットとはまた別の、新しい市場です。この市場は、しばらく活性状態が続くでしょう。ＳＮＳには盛衰がありますが、ここ最近、インスタグラムに追加された新機能を見ると、欠けて

SNSは「メディア」から「市場」へ

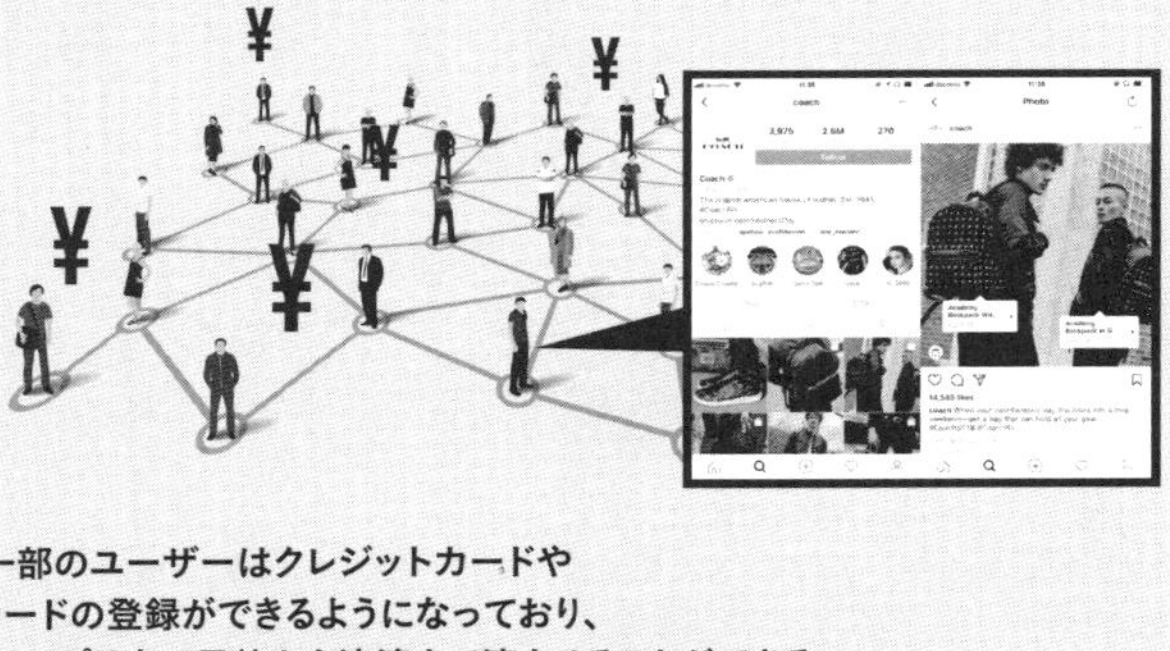

すでに、一部のユーザーはクレジットカードや
デビットカードの登録ができるようになっており、
Instagramアプリ内で予約から決済まで済ませることができる。

いた速報性をストーリーズで補い、市場化を加速するなど、非常にポジティブな進化を続けています。

そこにアカウントを持ち、マーケティングをしていくことは、これまで進出していなかった国、しかも、急成長中の国に、店舗を新規オープンさせるのと同じです。入っていかないと、その国では信頼される企業やブランドになることはできず、売り上げを増やすこともできません。

インスタグラムでのマーケティングで求められるのは、テレビＣＭや交通広告を使っての一方的なそれとは異なり、共感に基づくものです。企業やブランド、商品やサービスは、インフルエンサーを通じて共感を得られないと、選ばれません。

ではどうしたら共感が得られるか、インフルエンサーのどのような投稿は共感を得られ、どのような投稿は得られないのか。

これについてはこれまで、はっきりとした指標はありませんでした。しかし、経験を積んだことで、私たちの中には暗黙知があります。

チャプター5では、共感指数という、その暗黙知を指標化する試みについて具体的に触れていきます。

Chapter 05

なぜ共感を呼ぶのか、新概念〝共感指数〟で分析・評価

■ 共感を構成する5つの指標は「範囲」「承認」「発見」「参考」「印象」
■ 組むべきインフルエンサーを見つけ出すため、指数で客観的に評価

投稿の共感度を上げるには5つの要素を意識する

共感を呼べる投稿を数値化する

チャプター4までで、現在のインフルエンサーマーケティングでは、インスタグラムが主戦場となっていること、企業はそこにコンセプトを明確にしたアカウントを持つべきことなどを解説してきました。

このチャプターでは、企業はどのようなインフルエンサーと組むべきか、インフルエンサーにどのような投稿を期待すべきか、実際の投稿をどう評価すべきかの基準として、「共感指数」を提案します。

インスタグラムの投稿は、写真・キャプション・ハッシュタグで構成されることはすで

に書いたとおりです。

しかし、どのような写真、キャプション、ハッシュタグを用意すれば、その投稿による共感を最大化できるか、アルゴリズムは明確になっていません。

そこで私たちはこれまでに共感を呼んだインフルエンサーによる投稿を分析し、それらの投稿にどのような共通点があるかを探り、最終的に5つの指標にたどり着きました。共感を呼んだ投稿はいずれも、これら5つの指標で、あるいはどれかに特化する格好で高い数値を記録しています。

私たちが平均1万フォロワーのインフルエンサーの投稿を独自に調べた結果、共感指数は平均で2300くらいであることがわかっています。この2300を超えた投稿は、共感を呼ぶことに成功した投稿と言えます。

共感を構成する5つの要素

インフルエンサーの投稿がどれだけの共感を呼べるかの基準となる共感指数は、「影響の範囲の値」「承認の値」「発見の値」「参考の値」「印象の値」という5つの要素から構成されます。次ページから詳しく説明しましょう。

1 影響の範囲の値
（リーチエフェクト、Reach Effect：RE）

2 承認の値
（アプルーバルエフェクト、Approval Effect：AE）

3 発見の値
（ハッシュタグエフェクト、Hashtag Effect：HE）

4 参考の値
（キャプションエフェクト、Caption Effect：CE）

5 印象の値
（イメージエフェクト、Image Effect：IE）

これら5つの要素を用いて、一つの投稿がより多くの共感を創る指標である共感指数を、左ページのように表します。

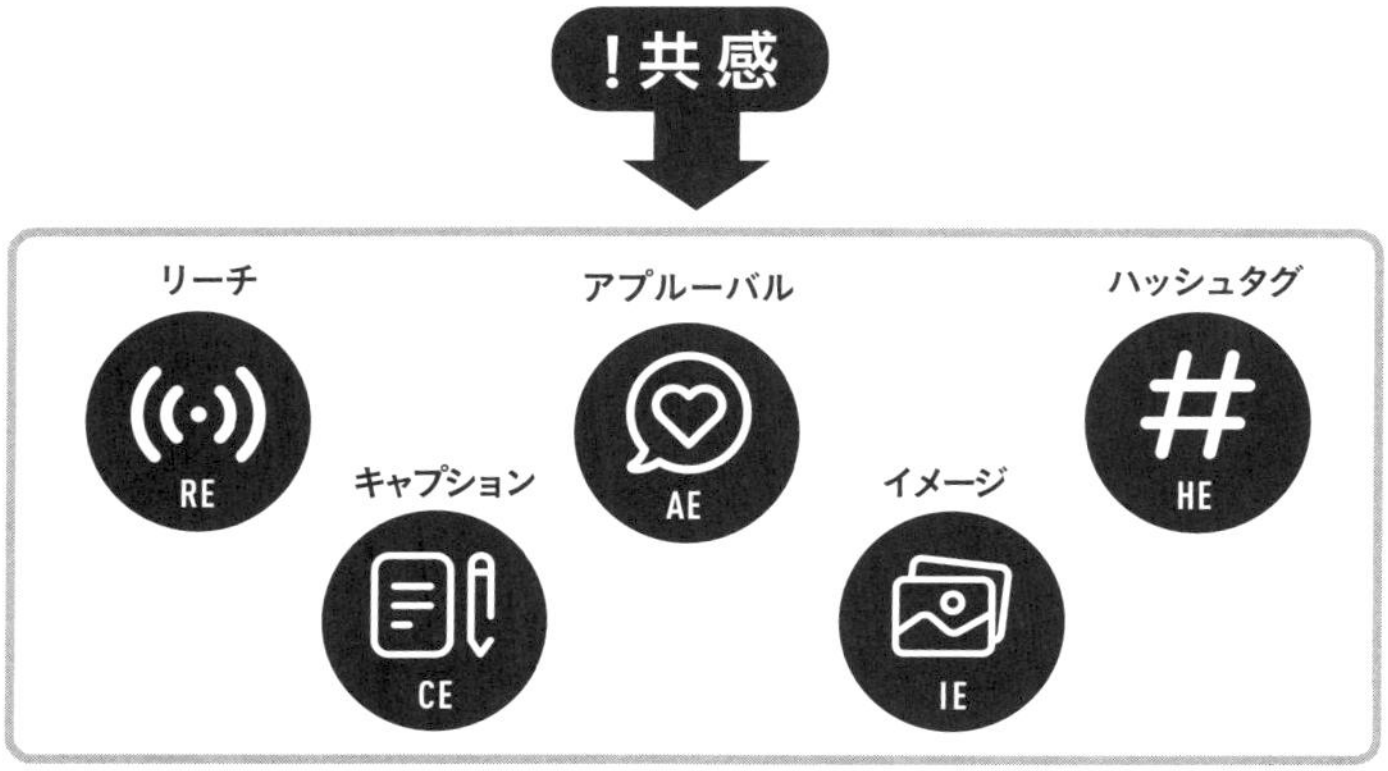

共感を創る5つの要素

共感指数＝（RE＋CE＋HE＋IE）×AE

この共感指数は、エンゲージメントの高いインフルエンサーのあるひとつの投稿が、どれくらいの共感を呼ぶかの目安です。

また、インフルエンサーその人の影響力を示すものではありません。インフルエンサーの「あるひとつの投稿」が生み出す共感の強さを示すものです。

５つの値の算出方法は、次の項以降で説明します。この５つの要素は、完全に独立したものではありません。たとえば、『承認の値』は『影響の範囲の値』の関数です。したがって、数式としては必ずしも独立したものではありませんが、共感指数の記述のしやすさ、また５つの数字それぞれの持つ意味のわかりやすさを優先させ、こうした形を取っています。

SNSはインタラクティブなメディア、ユーザー相互の影響が「共感」を生み出す

共感指数を構成する5つの要素の持つ意味

影響の範囲の値

『影響の範囲の値』は、その投稿がどのくらいの数のフォロワーの目に触れるのかの基準となる指標です。

写真もコメントもハッシュタグもまったく同じ投稿があったとして、その投稿がどれくらいの共感を呼べるかは、その投稿がどれほど多くの人の目に触れるかに関係します。それを主にフォロワー数から指数化したのがこの『影響の範囲の値』です。

私たちはこの『影響の範囲の値』を左ページの数式で表現しています。

フォローバック率 20%をフォロー数に乗じ、
フォロワー数から差し引いた共感を得られるフォロワー数

『影響の範囲の値』＝フォロワー数－フォロー数×0・2

フォロワー数が同じインフルエンサーでも、そのインフルエンサーが何人をフォローしているかで、この数字は変わります。インスタグラムには、ほかのＳＮＳと同様に、フォローをすると無条件にフォローバックしてくる人がいるからです。フォロワー数が同じなら、フォロー数がゼロのインフルエンサーのほうが、その本人の魅力でフォローを得たことになり、『影響の範囲の値』が大きいといえます。

また、実際のところ、フォローバック率は20％ほどあります。その調整のため、ここでは0・2を乗じています。

フォローバック率は平均20％

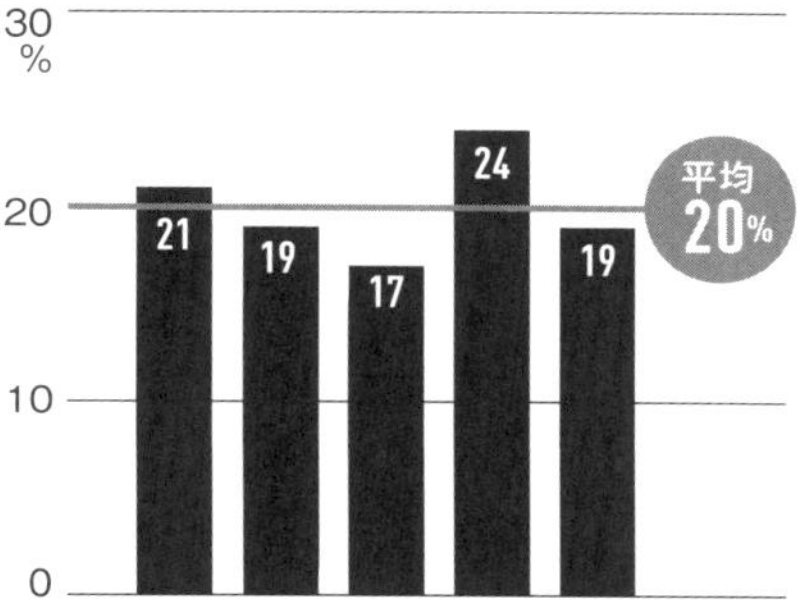

ランダムに100アカウントをフォローしたときのフォローバック率を算出

承認の値

『承認の値』は、その投稿にどれだけの「いいね」とコメントがついたかを示すものです。しかし、従来のエンゲージメント率のようにただその数を積み上げるものではありません。

私たちは『承認の値』を左記の数式で表現しています。

『承認の値』＝
（「いいね」の数＋26×コメントの数）÷
『影響の範囲の値』

26という数字は、過去のインフルエンサーの「いいね」とコメントを観察して導

従来のエンゲージメント率とは違い、共感を得られるフォロワー数（RE）で除すことで、本当のエンゲージメント率を算出。

いた係数です。

コメントが付くペースと、「いいね」が付くペースは異なります。「いいね」を押すよりコメントを書くほうがエネルギーが必要です。投稿を目にした人にエネルギーを使わせたら使わせただけ、より影響力の高い承認を得られたと考えるべきでしょう。

また、フォロワーが多ければ多いほど、「いいね」やコメントの数は増えます。同じように、「いいね」が50、コメントが2、ついた投稿があったとして、その投稿をした人のフォロワー数が1万と、10の場合とを比較したら、前者は失敗投稿、後者は大成功した投稿ということになります。

300人のInstagramユーザーにアンケートを実施。
アンケート結果の平均値を用いて算出。

1ユーザー当たりのエンゲージメントの内訳
いいね回数に対するコメント回数（n=300）

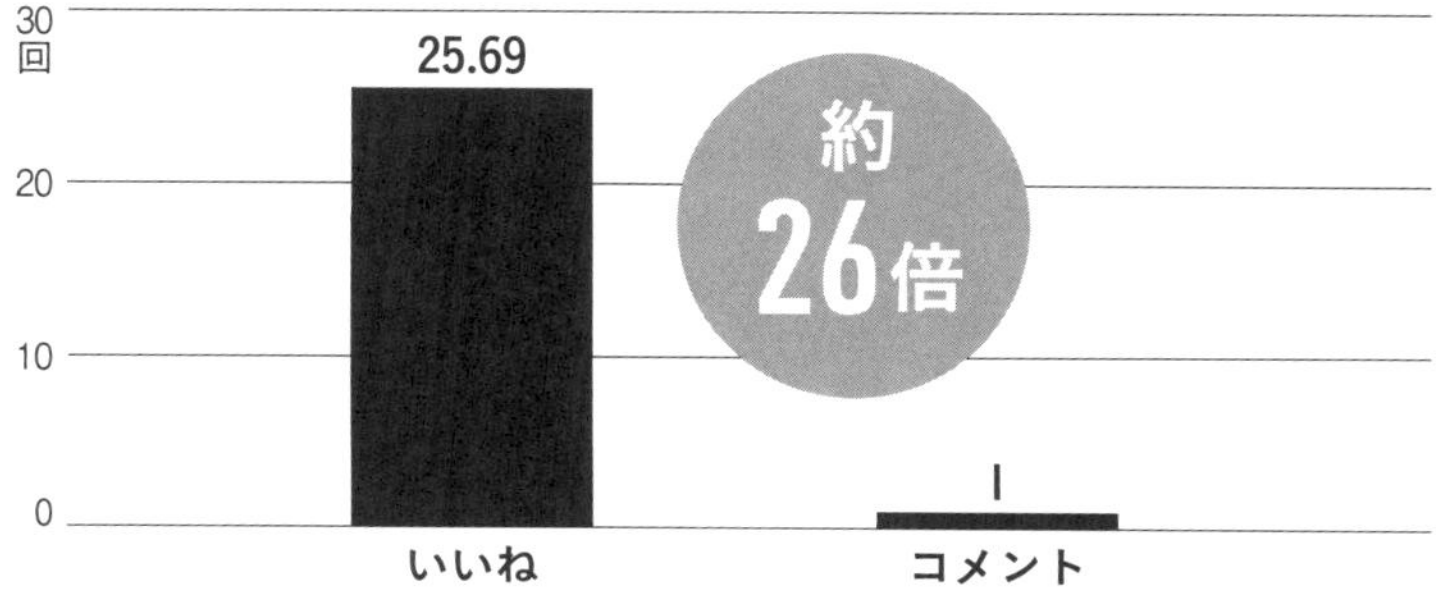

コメントを26で乗ずる理由

AE 承認の値

AE =（いいね数 + 26 × コメント数）/ RE 影響の範囲の値

26×（ユーザーからのコメント数）

1回目：10点　2回目：9点　3回目：8点　4回目：7点　5回目：6点
6回目：5点　7回目：4点　8回目：3点　9回目：2点　10回目以降：1点

AE 承認の値

ユーザーA	どこのトップスですか？(10pt)
インフルエンサー	コメントありがとうございます！ こちらは○○のものになります!!
ユーザーA	教えていただき ありがとうございます！(9pt)

ユーザーB	ニットとパンツ可愛い!!(10pt)
インフルエンサー	ニットもパンツもブルー系で 合わせてみました 相性抜群です！
ユーザーB	返信ありがとうございます。 いつも参考にさせて いただいています!!(9pt)

左記の場合

コメント値 =
26×ユーザーからのコメント

26×(10+9+10+9)
=988

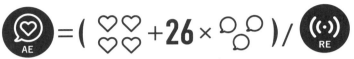

さらにコメント数については、重みを調整しています。

たとえば、コメントが同じように20個付いている場合でも、それが一人のユーザーとその投稿者の対話した結果なのか、20人が1回ずつコメントした結果なのかでは『承認の値』には違いがあってしかるべきでしょう。もちろん、後者のほうがより承認されていると捉えます。

そのため、一人が何度もコメントしている場合には、回を重ねるごとに重みが下がっていくようにしています。また、投稿者本人のコメントはカウントしません。

この『承認の値』は0・2を超えると、大きいと言えます。

フォロワー数におけるエンゲージメント率の基準（例）

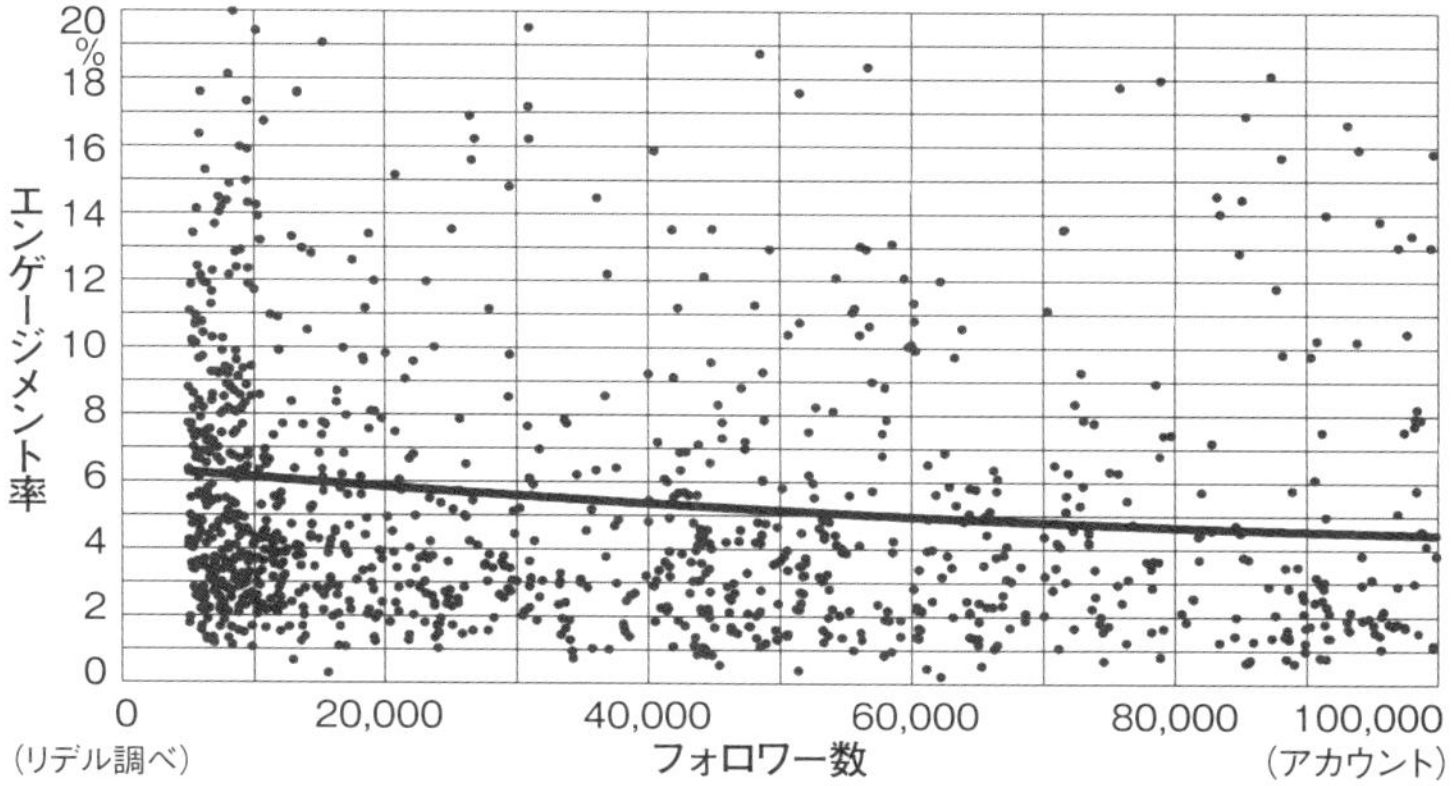

（リデル調べ）

発見の値

『発見の値』は、ハッシュタグの付け方によって決まります。

式は左記の通りです。

『発見の値』＝ハッシュタグの投稿件数×ハッシュタグの時代性

ハッシュタグは、フォローされていない人にもその投稿を見つけてもらうためのものです。ですから、ハッシュタグは上限の30に近ければ近いほど、見つけてもらいやすくなるので、『発見の値』は上がります。

ただ、ここでいうハッシュタグの投稿件数とは、ハッシュタグの数だけではありません。

ハッシュタグ１つひとつをREに基づき適切か不適切かを判断し点数化。
時代性も加味することで、ハッシュタグの影響を形式知化。

チャプター4で書いたように、ハッシュタグの選び方とフォローされている数には関係があります。そのハッシュタグが過去に使われた回数が、フォロワー数の10分の1から10倍以下に収まるようであると「トップ」に掲載される確率が上がるので、より多くの人に見つけてもらいやすくなります。ただし、フォロワー数の10分の1未満となると、絶対数が少なくなり、検索される回数も少なくなるので、ハッシュタグとしての機能効率は下がります。ここではその重み付けの調整をしています。

また、ハッシュタグの時代性とは、そのハッシュタグの活性度と言い換えてもいいでしょう。

雪が降れば、「#雪」というハッシュタグ、グレンチェック柄の服が流行れば「#グレンチェック」というハッシュタグが増え、こうしたハッシュタグの付いた投稿が増えます。当然、こうしたハッシュタグのついた投稿を目にする人も増えるので、こうした時代性を捉えたハッシュタグには価値があると考えられます。では、何を基準に時代性を捉えたと考えるべきでしょうか。私たちは調査の結果、前日比で、ハッシュタグが0・42%以上増加していればトレンド、増加率が0・42%未満であればコモンとし、倍の重み付けをしています。

インフルエンサーであれば、この『発見の値』は少なくとも255以上を目指したいところです。

発見の値

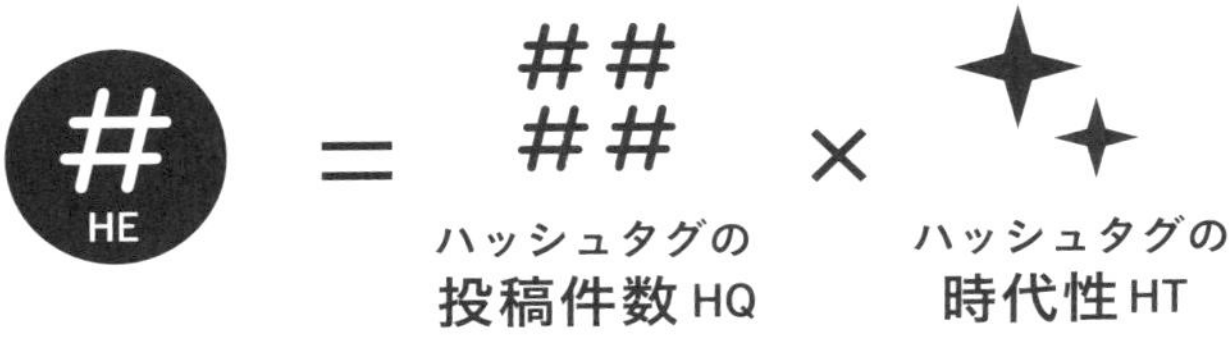

1/10RE < HQ < 10REのときHQ=10
HQ<1/10RE or 10RE<HQのときHQ=5

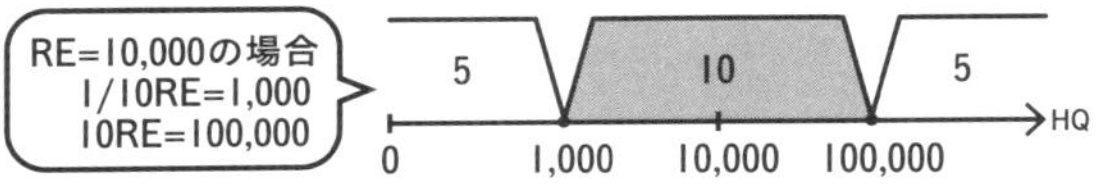

リーチエフェクトに基づき、リーチエフェクトの1/10 以上および
リーチエフェクトの10倍以下のハッシュタグ投稿件数の時、
HQ=10と算出する

リーチエフェクトに基づき、リーチエフェクトの1/10 以下および
リーチエフェクトの10倍以上のハッシュタグ投稿件数の時、
HQ=5と算出する

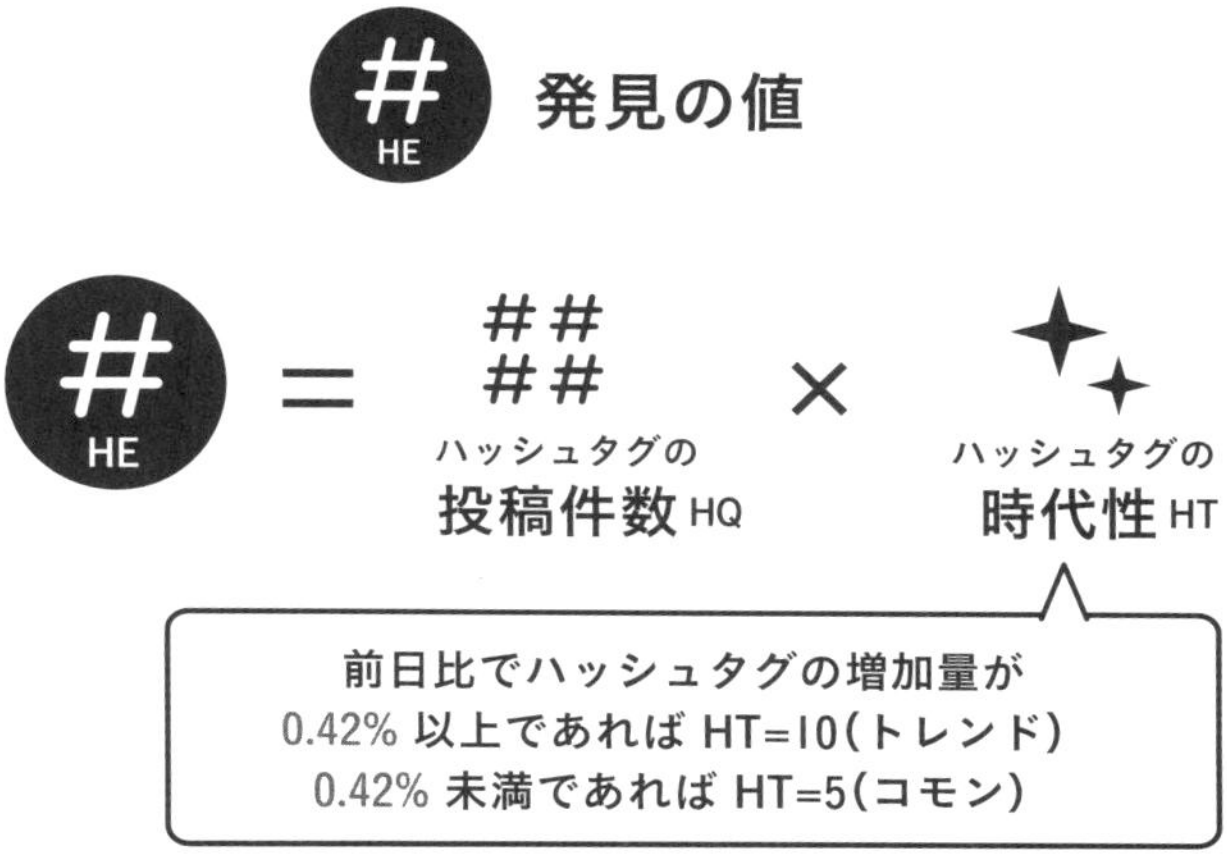

投稿件数が200~100万件のハッシュタグ51個をランダムで抽出し、日毎の増加数を1週間計測

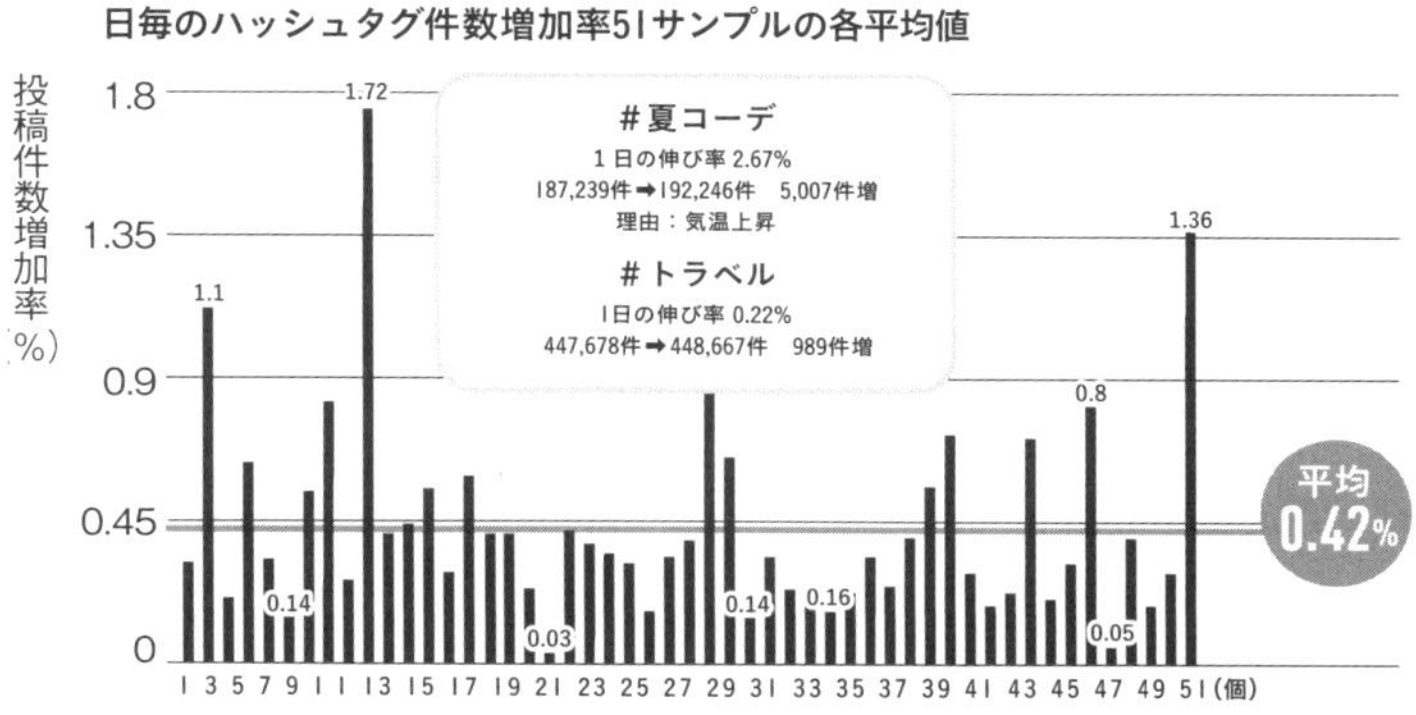

ハッシュタグの時代性の基準が0.42％である理由

参考の値

『参考の値』は、その投稿がどれだけ見た人の参考になったかをうらなうものです。ここではキャプションそのものと、ハッシュタグとの関連性に注目しています。

『参考の値』＝ハッシュタグ関連キーワード数×テキスト文字数

ここでは後ろから解説しましょう。テキスト文字数とは、キャプションとハッシュタグに使われた文字の数の合計です。多ければ多いほど参考になると考えています。ただし、上限は５００としています。

ハッシュタグ関連キーワード数には少し、長めの解説が必要かもしれません。

投稿の中には、その内容と一切関係のないハッシュタグを付け、関心を引こうとするものもあります。そうした投稿を見て、がっかりした経験のある人も多いでしょう。

しかし、それとは正反対に、ハッシュタグの内容とぴったりマッチした投稿もあります。たとえば「今度の夏はどこに行こうかな」と考えて「#夏」で検索し、キャプション欄に、夏の過ごし方について詳しく書かれた投稿にたどり着けると、大いに参考になります。

参考の値

ハッシュタグとの関連キーワード数に
テキスト文字数を乗じて、ハッシュタグの影響を算出。

参考の値

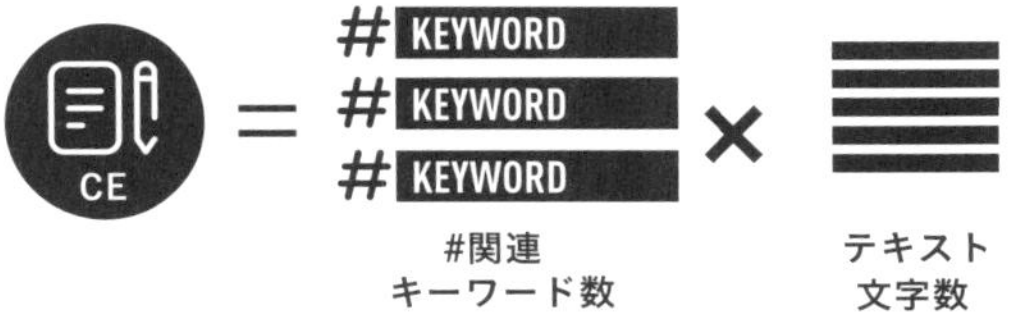

テキスト文字数の算出

テキスト文字数が500未満のとき、テキスト1文字1ptと換算
テキスト文字数が500以上のとき、500ptと換算

私たちは、このハッシュタグの内容の違いを重視しています。そこで、ハッシュタグで使われた言葉と、キャプション内で使われた言葉に相関がある場合に『参考の値』が高くなるようにしています。

何を根拠に相関があるとするかについては、研究を重ねた結果、グーグルでその言葉を検索したときに、検索候補としてサジェストされる言葉であれば相関があると見なせることがわかってきました。

この『参考の値』は800を超えると、かなり投稿を見た人の参考になったといえます。

印象の値

ここまでの4つの値は、フォロワー数や

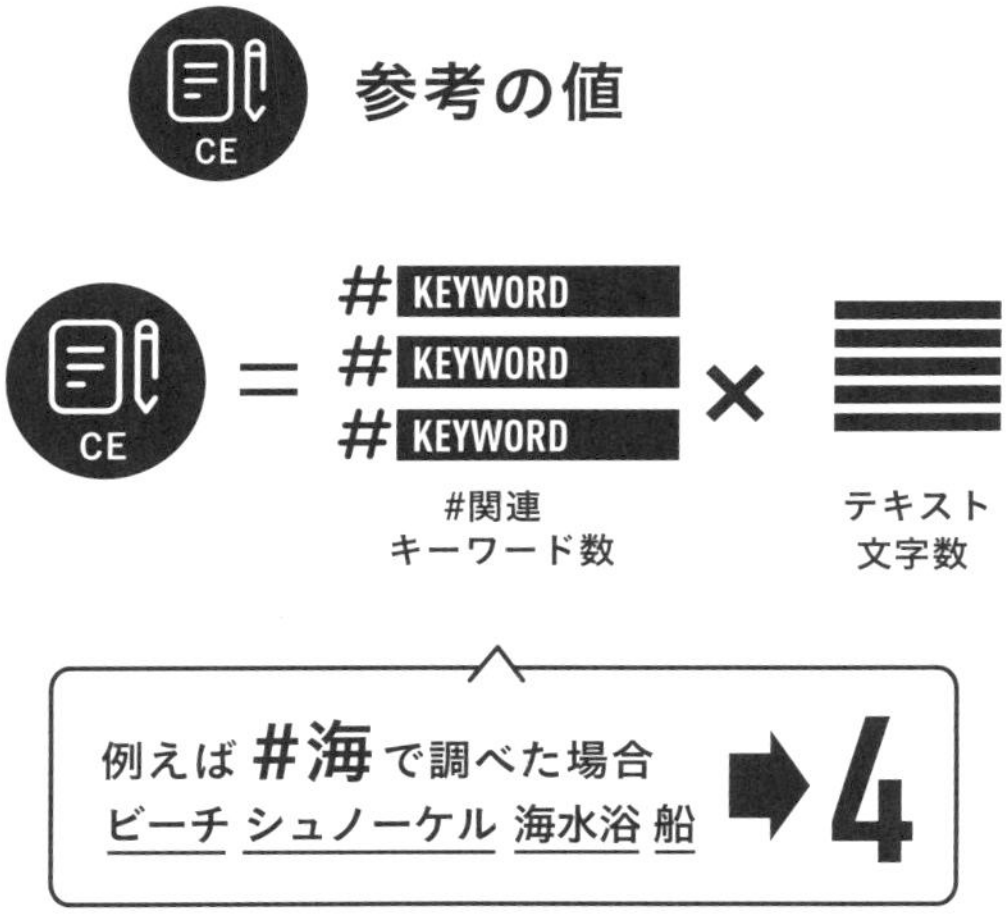

参考の値

#海 で調べた場合

CE=関連キーワード数
×テキスト文字数
CE=4×112=448

#海 の関連キーワード数：4

テキスト文字数：112 文字

112<500 なので

フォロー数、「いいね」やコメントの数、ハッシュタグに関わる数字、キャプションの分量など、数えられるものを元に、これまでの蓄積から妥当と思われる計算式を使って導いたものです。

ただし、写真についての指標であることの『印象の値』については感覚値の部分も大きいです。『印象の値』は左記の式で定義します。

『印象の値』＝エンカウント率×クリエイティブ値

まず、エンカウント率について解説します。

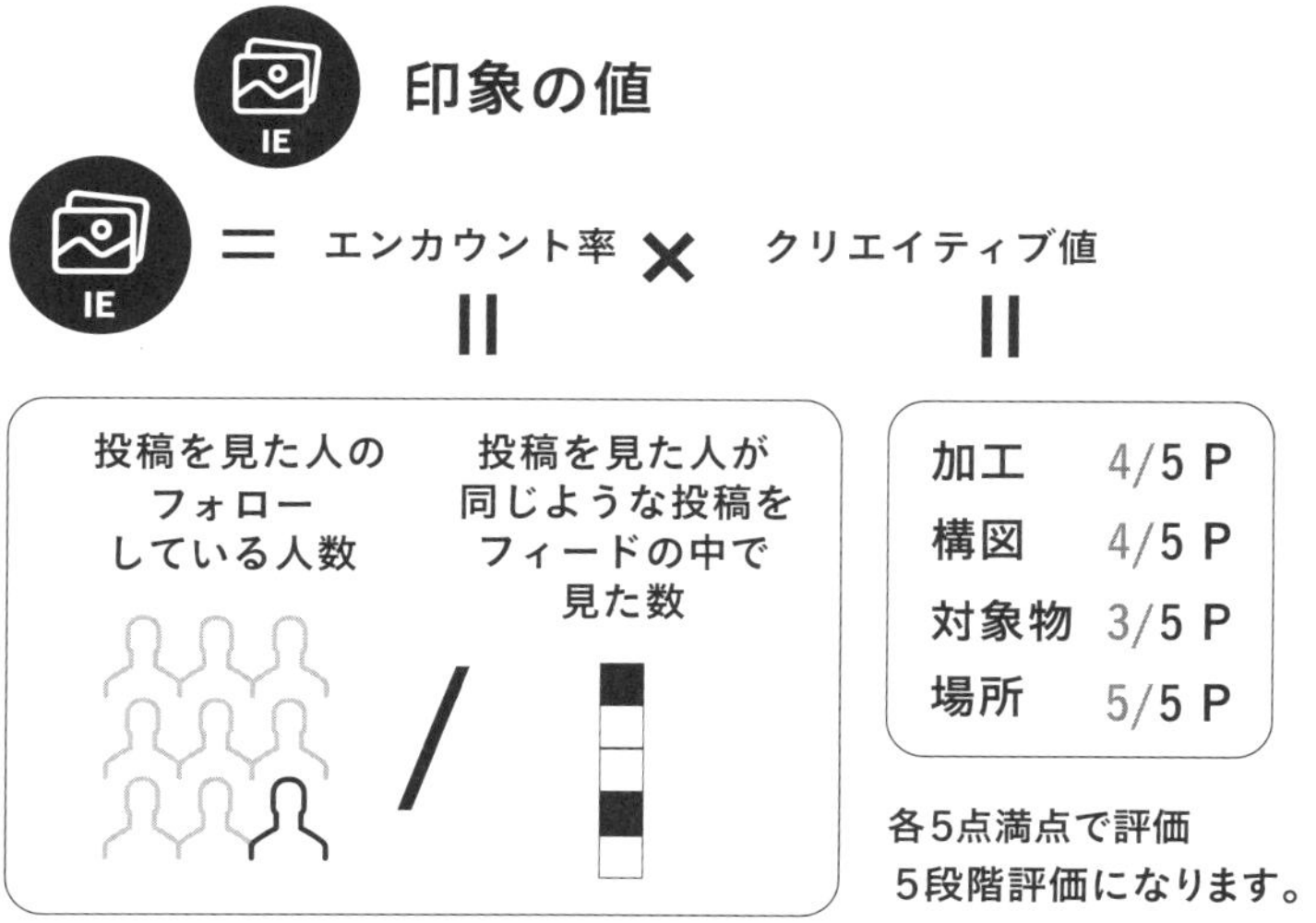

hikar43 • フォロー中
hikar43 The way to be free is getting these pretty angel wings
.
#toronto#torontolife#angel#angelwings
# # #
#頭から生えちゃってるね
t8777 おけけのびたね！
hikar43 @t8777 これを機にロング極めるね〜〜
__asayan ひかちゃんに公演のgirlsみてほしかったなー
hikar43 @asayanyantukebo もうほんとだよー！全然想像がつかない今年のgirls！DVD見せてね〜〜！そして、ジャンリお疲れ様でした
hikar43 @mayachqngmin thanks!!! Nobody can fit these wings on their back haha
いいね！84件
2016年11月18日
コメントを追加...
#BrooklynBar
13

cremenatsu • フォロー中
Patricia Coffee Brewers
cremenatsu .
ちょっと分かりづらい場所にあって、
決して広いとは言えない店内と
まさに知る人ぞ知る的なコーヒーショップ。
外観のシンプルさと店内の温かみの対比が
とても素敵でした
.
今日は9/30に開催される
@tabimuse weekend campasの打ち合わせでした
メルボルンのひとり旅のことを話していたら
すでに懐かしい気分に…
#cremenatsutrip_mel
cremenatsu #旅muse #tabimuse #マイトリ #cafetraveler #tabijyo #タビジョ #tabijyo_cafe #tabijyo_sweets #cremenatsutrip #cafemiru #LW9月の旅 #eosm10 #my_eosm10 #メルボルン #メルボルンカフェ #オーストラリア #
いいね！274件
9月8日
コメントを追加...
Patricia

インスタグラムには、よく見かける写真があります。たとえば、カフェでテイクアウトしたようなドリンクを片手で掲げて撮影したもの。それから、壁に描かれた羽のイラストを、まるで自分の背中に生えたかのように見立てて写したものです。フォロー数が多ければ多いほど、こうした同じような写真を多く見ることになります（139ページ）。

しかし、どれだけ多くの人をフォローしていても、初めて見るような写真に出会うこともあります。

こうした要素を、エンカウント率に盛り込みました。これは投稿者ではなく、投稿者のフォロワーが過去に同じような写真を何度見たか、そして、そのフォロワーは何人をフォローしているかで決まります。多くの人をフォローしている人に「初めて見た」と思わせることができれば、このエンカウント率の数字は大きくなります。あまりフォローしていない人に「またこれか」と思われるような写真の場合は、小さくなります。

自分のフォロワーが何人をフォローしているのかを数えるのは、手作業では大変ですが、私たちはここを自動化する仕組みを持っています。

もうひとつのクリエイティブ値は、写真の出来を数値化したものです。加工（明るさの調整や適切なフィルターの選択）・構図（ものの配置や撮影の角度）・対象物・場所（室内か

エンカウント率を羽の投稿画像で説明すると…

1/フォロー数＝出会いづらい投稿

2015年
羽アートで撮影した投稿は、
海外で流行していたが
日本ではまだ希少性が高かった。

50/フォロー数＝出会いやすい投稿

2017年
羽アートで撮影した投稿は、
日本全国でスポットが増え、
頻繁に見られるようになった。

室外か、背景など）をそれぞれ5点満点で、これは私たちが判定しています。

そのため、ここには判定者の好みが反映されます。ただ、どんな人が見てもいい写真、どんな人が見てもいまひとつの写真というものはあります。そして、写真にはトレンドがあります。自然光を使って正対で撮るのがいい写真なのか、フラッシュをたいて動きをつけた写真がいいのか。こういった流行の取り入れ方についても、人の目で判断します。

この『印象の値』は８００を超えると、見た人に大きな印象を残したと言えます。

共感指数で投稿を分析する

投稿から共感指数を導く

ここで、実際の投稿から共感指数を導いた実例をご紹介します。

この投稿は、インフルエンサーの一歩手前の、フォロワー数が１３００のインスタグラマー「ユーザーA」という人のある日の投稿です。フォロー数は80ですから、計算式にあてはめると、『影響の範囲の値』は１２８４です。

共感指数の出し方

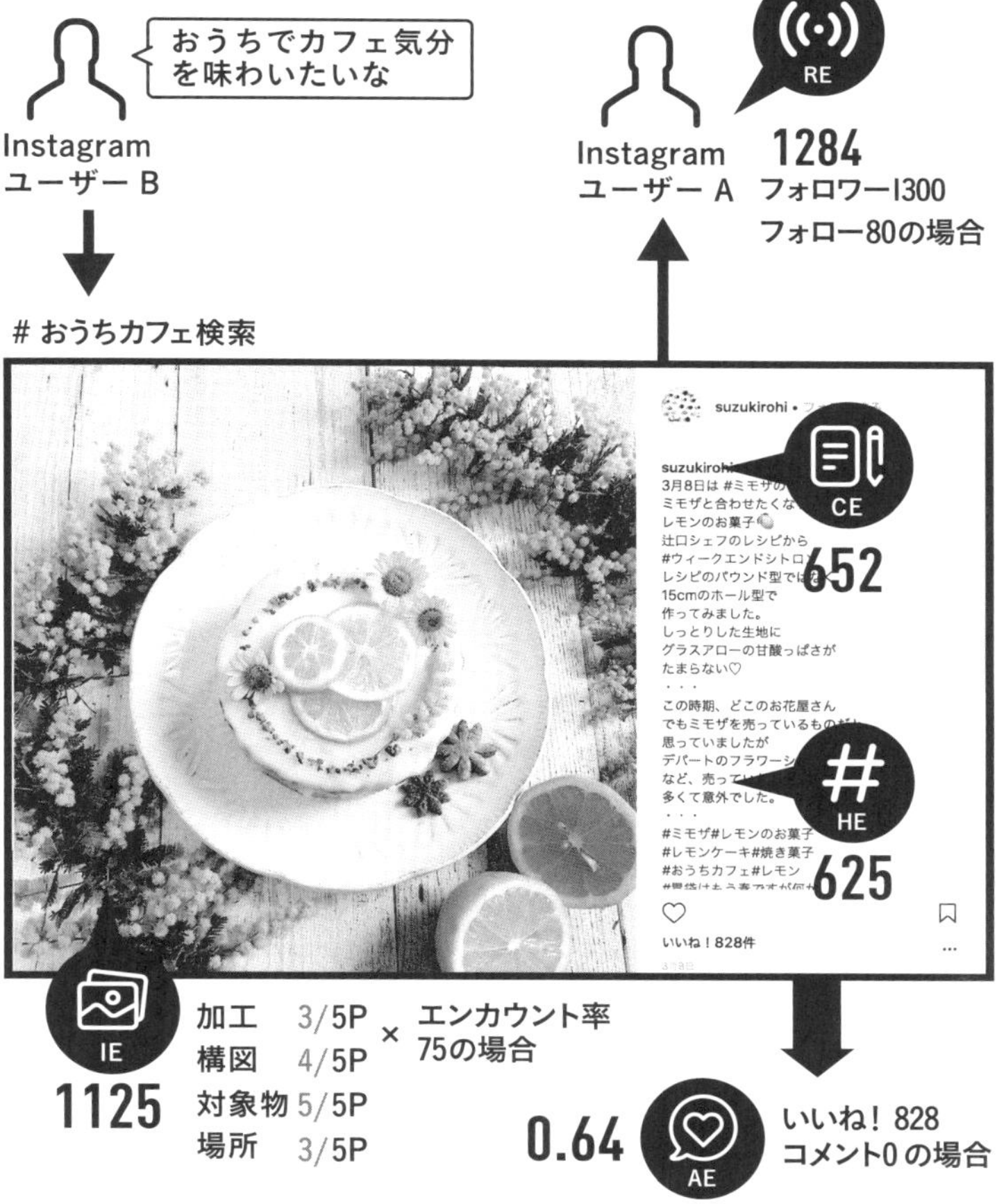

(RE + CE + HE + IE) × AE ➡ ！共感指数

(1284＋652＋625＋1125) X 0.64 = **2359 pt**

「いいね」は828、これはかなり多いです。ただしコメント数はゼロなのでその和である828を『影響の範囲の値』で割って、求められる『承認の値』は0・64です。

ハッシュタグはそれほどたくさん付いていません。しかし、その選び方とフォロワー数のバランスを考慮した『発見の値』は625となりました。

続いて、『参考の値』は652、『印象の値』は1125で、共感指数は2359となりました。

もしもこの「ユーザーA」が、次の投稿で共感指数を上げようと思っ

たら、ハッシュタグにもう少し改善の余地があります。個性の強いクリエイティブに合わせて、より関連性を高めるなど、「数・質」に加え、オリジナリティーのあるハッシュタグ選定ということを考えるようになるでしょう。

共感指数で投稿を比較する

続いて、共感指数でいくつかの投稿を比較してみます。ここでは、わかりやすさを優先させるため、フォロワー数がインフルエンサーに満たないインスタグラマーの投稿も含んでいます。

B

フォロワー 5390

エンゲージメント率：8.7%

(RE + CE + HE + IE) × AE

(5331+267+700+2550)X0.38

! 共感指数 =3362pt

まず、A（144ページ）です。これは、並べた4つの投稿のうち、最も高い共感指数を記録しています。特に、『参考の値』と『印象の値』が大きくなっています。キャプションが丁寧であること、それから、黒いアイスクリームと火口付近というマッチングの珍しさが評価されていると言えます。

B（145ページ）は『発見の値』ではAを上回っています。ハッシュタグの選定がうまくいったことが想定されます。ただし、被写体がエッフェル塔と、インスタグラムではたびたび見られる写真であるため『印

C

フォロワー 602

エンゲージメント率：4.8%

（RE＋CE＋HE＋IE）×AE

(501+48+450+20)X0.06

！共感指数 =61pt

象の値』が小さくなっています。

Ｃは全体的に低調です。その分、伸びしろは大きいということです。写真の撮り方を工夫すれば、共感指数を上げられるでしょう。また、キャプションでは季節は夏と語っていて、ハッシュタグには「#こどもの日」が入っているなど、ミスマッチも目立ちます。

Ｄは、よく見ると『印象の値』がＡと同じであることがわかります。ただし、『発見の値』ではＡを上回っています。写真そのものにも工夫がありますし、多くのフォロワーにとってこの写真は珍しいものと認

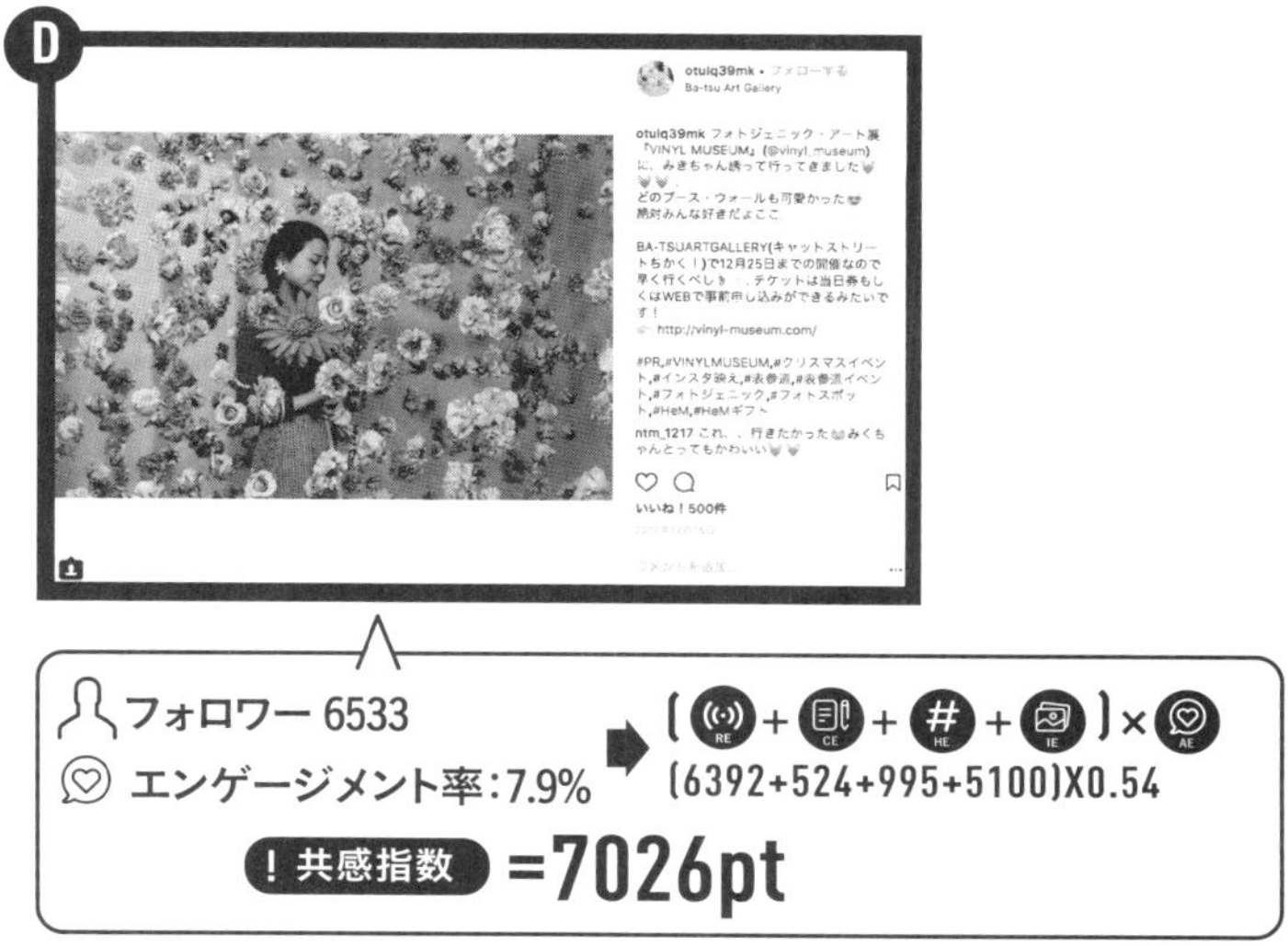

識されたのでしょう。

実はこのＤの投稿には、「＃ＰＲ」というハッシュタグが付いています。これは、インフルエンサーによる「仕事」としての投稿なのです。では、フォロワーはＰＲ＝広告であることを嫌っているかというと『承認の値』は０・54と、「＃ＰＲ」のついていないＡやＢとさほどの差がありません。ほかの要素、そして共感指数ではＢを大きく上回っています。

もちろん、これは、共感を得られるように工夫をした結果であり、このインフルエンサーに、元々の世界観での表現という自由を与えた姿勢の成果でもあります。

共感指数を上げるスパイラルが存在する

前の項の比較からもわかるように、投稿の印象を数値化し可視化することで、その投稿はどこが相対的に強く、弱いかがすぐにわかるようになります。この気付きは次の投稿に必ず活かされるはずです。

ただ、共感指数が１００から５００を目指すのと、１５００から２０００を目指すのでは、戦略が異なります。

たとえば、珍しくて素晴らしい写真を撮って『印象の値』を上げても『発見の値』や『影響の範囲の値』が小さければ、撮影のための努力は徒労に終わりがちです。一方、キャプションで事細かに写真の内容を説明して『参考の値』を最大化しても、その投稿を見た人は、キャプションから得られる情報で満足してしまい、コメントする必要性を感じなくなってしまうこともあります。インフルエンサーによってはここをうまくコントロールし、フォロワーに質問の余地を残すようなキャプションを書いたり、アンケートやクイズ形式で、コメントを促したりといった工夫もしています。

こうしたいくつもある工夫のうち、最初にするべきことは何か。優先順位をつけると、まずは『影響の範囲の値』の数値を上げることです。これはすなわち、フォロー数は増やさず、フォロワー数を増やすことですから、『発見の値』のアップにいそしむべきですし、もしも企業アカウントがこれをするのなら、たとえばインフルエンサーの力を借りて「インスタフォロワー募集キャンペーン」などを展開すべきでしょう。そうした足場があって初めて、『参考の値』や『印象の値』の高さが力を発揮します。

いい投稿が、多くの人の目に触れるようになると、自然と『承認の値』は増えます。しかし、そこで自然増に留めず、先ほど書いたようなコメントを促す工夫などを重ね、常に過去の投稿の中では最新の投稿の共感指数が最も高い、という状態を目指すべきです。インフルエンサーの多くは、このことをかなり強く意識しています。

年齢によっても共感を引き出す要素が異なる

共感指数は、5つの要素からなる指標です。基本的には124ページで書いたように『影響の範囲の値』の拡大が、その増加スパイラルを回し始めます。

ただし、スパイラルが回り始めた後、その5つの要素のうち、いったいどの要素がその正帰還に最も貢献するかというと、それは年齢によって、またどのようなものに共感をしてほしいのかによっても異なります。

比較的年齢の高い層から、高額な商品、たとえば腕時計などへの共感を得たければ、

Instagramの中で共感を作る5つの要素の関係性

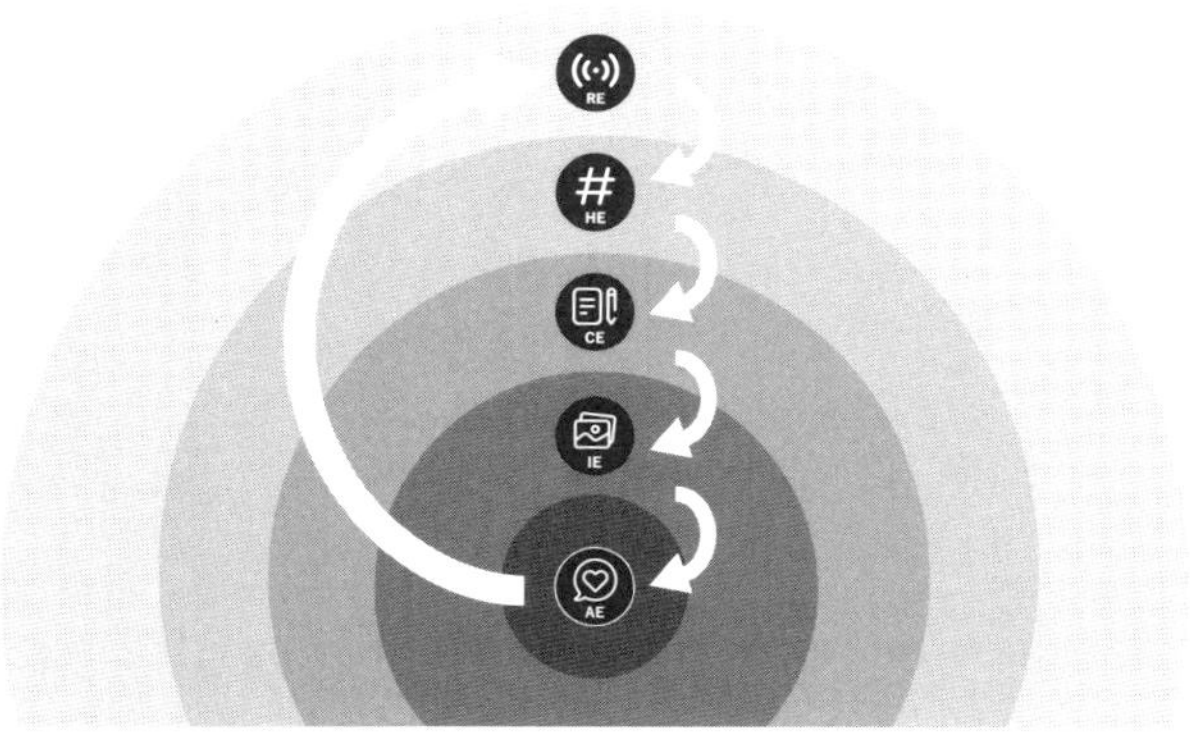

『参考の値』に注力する必要があります。こうした層、そして商品に関しては、ただ写真が美しければいいというものではなく、性能やブランドの歴史、デザインコンセプトなどについての解説が不可欠だからです。

同じ高額商品に関してでも、対象となる年齢層が低くなると、蘊蓄よりも商品の素敵なイメージや、より多くの人に知られ、憧れられていることが重要になるので、『印象の値』や『影響の範囲の値』をより高めるべきです。同じ若年層に対しても、よりカジュアルで手に取りやすい価格帯の商品に関しては、より多くの人に共感してもらえるよう、『承認の値』を高めるべきです。

こうした商品やサービス、そしてターゲットとなる人たちの年齢層の違いは、そのまま、インフルエンサーの選別の条件となります。

比較的年齢の高い層から腕時計への共感を得たければ、『参考の値』、つまりキャプションやハッシュタグの内容から共感を得ることに長けたインフルエンサーを起用するべきですし、より若い層に高額の商品をＰＲしたければ、『印象の値』を高めて、商品への憧れを作ることを重視するといいでしょう。

こうしたことから言えるのは、同程度の共感指数を獲得できるインフルエンサーであっても、十把一絡げにはできないということです。

インフルエンサーは雑誌の編集長であると繰り返し述べてきましたが、その個性は、投稿される写真の見た目からだけでは判断できません。キャプションの上手さ、ハッシュタグの選び方、コメント欄でのコミュニケーションを盛り上げる能力など、多面的に評価すべきです。

Chapter 06

共感指数を上げるための適切なインフルエンサー選び

- インフルエンサーの得意分野を生かした成功事例を紹介
- その時に重視する共感指数の指標を明確に

共感指数に注目した、インフルエンサーマーケティング実例

一般的な商材をインフルエンサーマーケティングで売る

チャプター6の前半では、実際のインフルエンサーマーケティングがどのように行われたか、その際に有効だった投稿の共感指数はどのようなものだったかについて、例を挙げて解説していきます。

チャプター1で紹介したVINYL MUSEUMの例では、52人のインフルエンサーが、自由な発想で写真を撮り、キャプションやハッシュタグを付け、多くのフォロワーの共感を呼びました。それが一般来場者を呼び込み、その一般来場者による投稿、その投稿を見た人の来場といった好循環を生みました。

素敵な写真の撮れるＶＩＮＹＬ ＭＵＳＥＵＭは、多くのインスタグラムユーザーにとって、魅力的なイベントでした。だからこそ、52人のインフルエンサーをトリガーにした循環は高速かつ広範に拡がったとも言えます。

しかし、こうしたイベントでなくても、インフルエンサーマーケティングで多くの共感を得ることはできますし、またその方法は、インフルエンサーに直接、投稿を依頼するというものばかりではありません。

広めたい商品やサービスについて、事前にインフルエンサーが話題にしたくなり、投稿したくなるような工夫を施し、インフルエンサーの自発的な行動を引き出すこともできますし、今はインスタグラムをあまり活発に使っていない層

来場者が宣伝者になる循環の仕組み

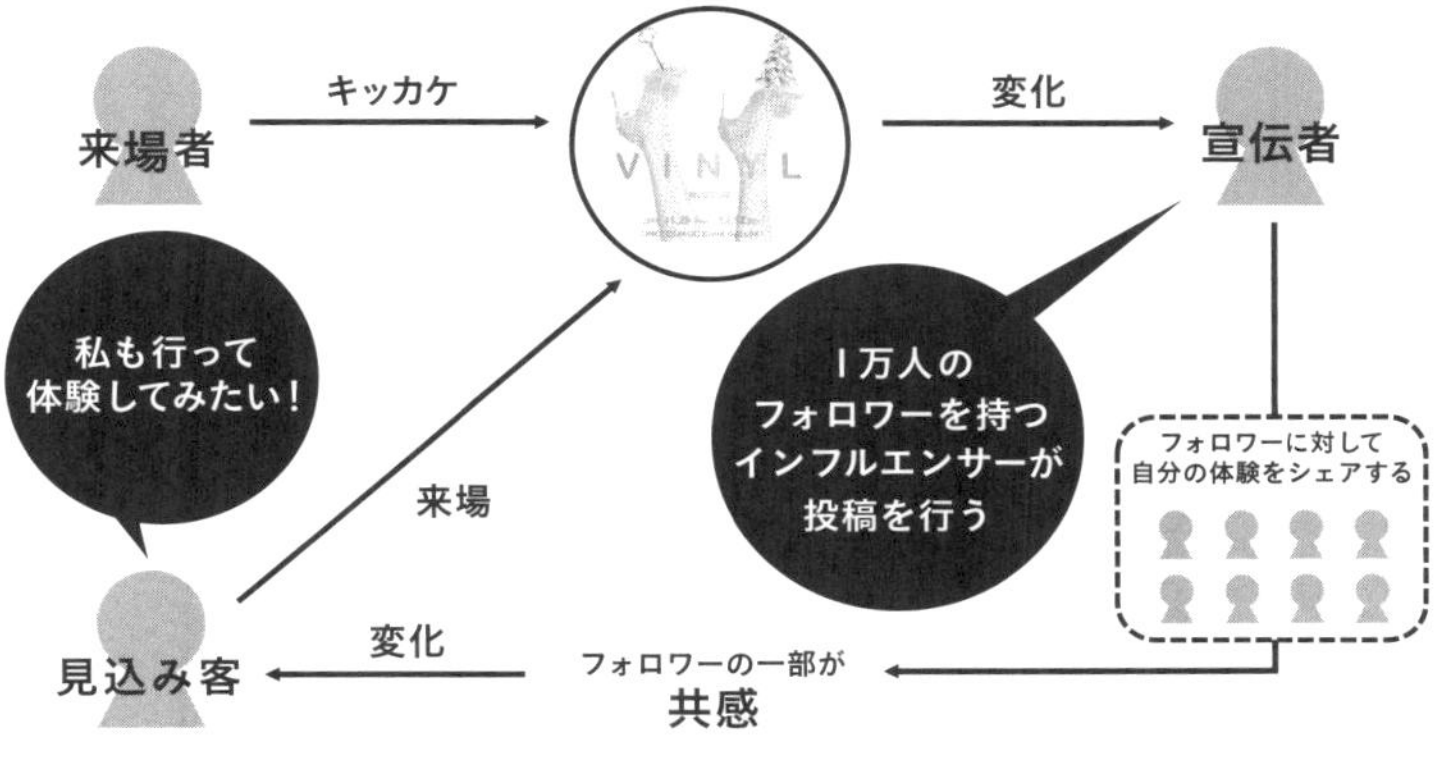

52人のインフルエンサーをVINYL MUSEUMに招待

を、インスタグラムに引き込むような取り組みも可能です。

そのときに重要になるのが、インフルエンサーや、これからインスタグラムを積極的に使う層の人たちに、強く共感される投稿を、企業側が率先して行うことです。

チャプター5で詳述したように、共感指数は5つの要素で構成されます。このどれを重点的に上げるか、または、全体の底上げを図るかは、誰から何に対して共感してほしいかによって異なります。

ここからは、その具体的な方策を、3つの例を通じて紹介します。

商品パッケージを変えて『印象の値』を上げる

最初は、お菓子のマーケティングの事例です。

目的	「ひとりじめスイーツ」の認知拡大

Instagramを活用して認知を拡大！

▼

プラン	① 公式アカウントの開設・運用 ② キャンペーンの実施 ③ インフルエンサー施策の実施

鈴木栄光堂というお菓子メーカーをご存じでしょうか。岐阜県大垣市に本社を置く同社は1877（明治10）年創業の、歴史ある製菓会社でありながら、〝お菓子イノベーションカンパニー〟として、時代に合わせた先進的な取り組みにも積極的です。

2017年、同社は創業140周年を迎えました。そのタイミングで〝ひとりじめスイーツ〟として展開していたチョコレートのパッケージデザインをリニューアルしました（以下、新パッケージ）。そのプロモーションの一環として、Web限定・期間限定スペシャルパッケージ（以下、スペシャルパッケージ）を作成し、インスタグラム上で認知を拡大する試みを始めました。

具体的には、インスタグラムで①同社の公式ア

プラン①　公式アカウントの開設・運用

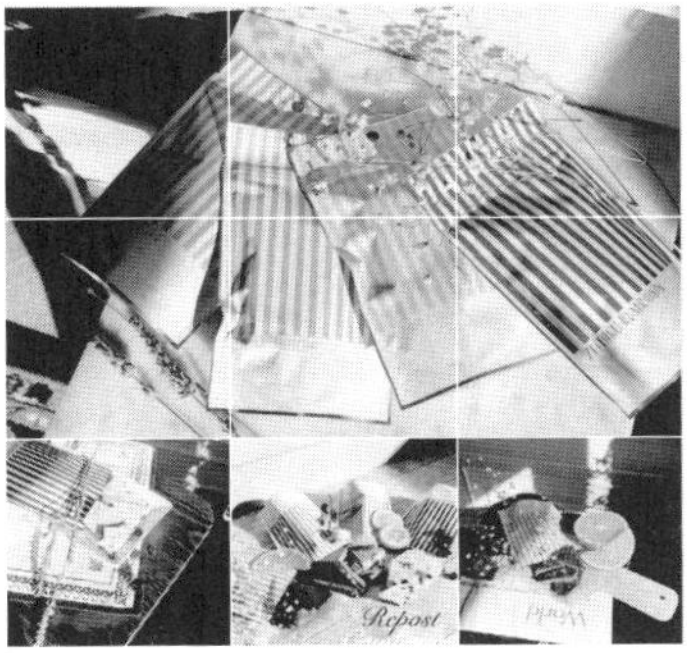

公式アカウントの開設と運用で、
ファン獲得の土台作り！コンセプトは
“手の届く上質感”
洗練されたクリエイティブのアカウントを
受け皿として運用し、
情報を得た顧客を次々にファン化！

おしゃれなチョコレートアカウントを
キーワードに明るい印象を。

カウントを開設し②キャンペーンを展開してフォロワーを増やし③インフルエンサーによるマーケティングを行うというステップを踏みました。

ここでカギになったのは、このSNSを使ったキャンペーン用のスペシャルパッケージの開発です。

リニューアル後のひとりじめスイーツの新パッケージには、商品名と商品写真、使っている素材の名前が大きくあしらわれていました。コンビニなどで目を引くためには欠かせない要素が詰め込まれたパッケージデザインです。

しかし、スペシャルパッケージでは、全面にストライプ柄を大きくあしらいました。コンビニの店頭などでは、まず目にしないデザインです。

実はこれは、インフルエンサーの意見を反映させたデザインです。

インスタグラムでは、パッケージそのものはシンプルすぎるくらいのほうが自由度は高いので、自分の好みにアレンジして写真を撮ることができます。また、全面がストライプのパッケージには、珍しさもあります。つまり、このスペシャルパッケージを撮影対象とすると、『印象の値』の高い投稿をしやすいのです。

私たちの試算では、リニューアル前のパッケージと、ストライプ柄のみのスペシャルパッケージを入れ替えただけで、印象の値は180から1050にまで急増しています。

パッケージでは商品名や商品写真が目立っていないと目を留めてもらえない、手にとってもらえないと考える方も多いでしょう。しかし、それはインスタグラムの外の世界の話です。インスタグラムでは、商品名やその商品に使った素材へのこだわりなどは、キャプション欄でいくらでも表現できます。ですからやはり、インフルエンサーマーケティングには、新パッケージよりスペシャルパッケージが適しているといえます。

こうしてスペシャルパッケージを準備する一方で、公式アカウントではフォローとリポストのキャンペーンを展開しました。リポストとは、ツイッターにおけるリツイートで、他者の投稿を自分のフォロワーに紹介できる仕組みです。公式アカウントが用意した投稿の『印象の値』が高ければリポストしてもらいやすいですが、センスに疑問符がつくような投稿の場合は、なかなかリポストしてもらえません。その点、今回はパッケージまで新調して臨んでいるので、多くの人のリポストが期待できます。

キャンペーン期間はおよそ40日間、参加者には抽選で15人にそのチョコレートをプレゼントすることにしました。

さらに、普段からスイーツに関する投稿が多いインフルエンサー28人に、このスペシャルパッケージと中身のチョコレートをあしらった写真を使った投稿をしてもらいました。依頼されたインフルエンサーは、色の配置を工夫したり、コーヒーカップをあしらったりと、それぞれのセンスでスタイリングをして写真に撮ります。また、コメント欄ではチョコレートの味や食感を書き記す、「おもてなしにも」など、食べるシーンについての提案もしています。

こうした記述はインフルエンサーによる工夫であり、「こういうことを書いて下さい」「こんな言葉を使って下さい」と事細かに依頼した結果ではありません。依頼したのは、スペシャルパッケージの露出と、特定のハッシュタグや公式アカウントの記載を含んだ、キャンペーンの告知のみです。情報伝達を超えた表現の部分は、インフルエンサーに任せているのです。こうして投稿されたものの中には、共感指数が3000にまで達したものもあります。そうした投稿を見た人たちからは「食べてみたい」と、購買に直接結びつくようなコメントも寄せられました。

すると、こうした投稿を見たフォロワーや抽選に当たったユーザーが、スペシャルパッケージをあしらって、インフルエンサーがしたのと同じような投稿をするという連鎖が生まれました。

結果として、キャンペーン期間中に公式アカウントのフォロワーは１０００人増加し、５０４人がそのキャンペーンに参加してくれました。参加者の平均フォロワー数は５５０人であったため、その積であるリーチ数は27万７２００にも達し、鈴木栄光堂という会社、そして、〝ひとりじめスイーツ〟の認知は上がりました。

仮に、これを27万２０００リーチに対して相場であるリーチ単価5円でＳＮＳ広告を出稿していたら、費用は１３８万６０００円かかったことになります。

この時期の同社の売り上げはキャンペーン実施前に比べて１５０％も増加しました。

もしもパッケージがインフルエンサーやそのフォロワーの撮影意欲、投稿意欲を殺ぐようなも

プラン②　キャンペーンの結果

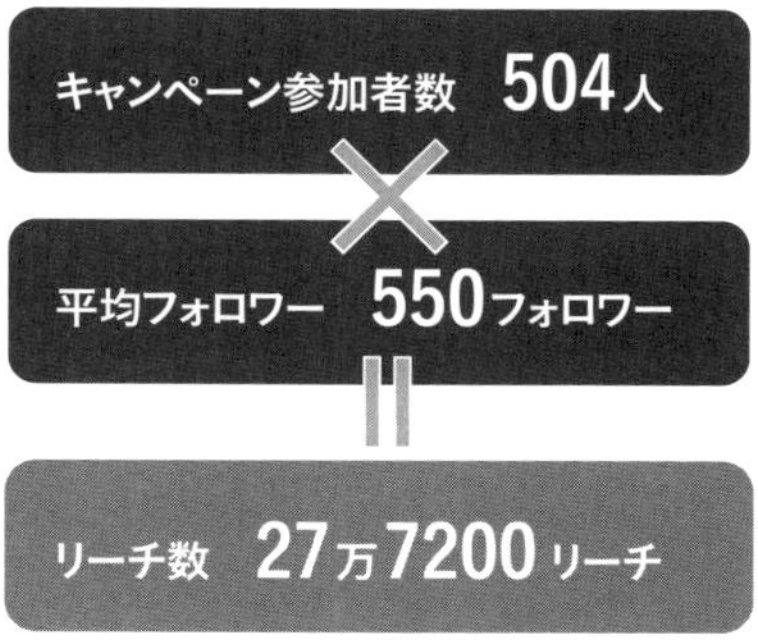

のであったら、ここまでの数字を上げることはできなかったでしょう。

老舗企業がインスタグラムの特性をよく理解したからこその、成功事例といえるでしょう。

ツイッターユーザーを取り込んで『承認の値』を上げる

スーパーグルーピーズは、コミックスやアニメグッズの販売を手がけるアニメイトによるアパレルブランドです。『刀剣乱舞-ONLINE-』や『A3!』など、人気アニメやゲームの登場人物が着ている服やグッズ、モチーフを活用したコラボレーションアイテムを販売しています。

コアなアニメ好き、ゲーム好きにはよく知られた存在でしたが、広い認知は獲得していませんでした。そのため、認知拡大と新規顧客の獲得、さ

目的	・新規顧客の獲得 ・認知拡大 ・ブランディング

「ファッションが好きだけど、実はアニメも好き」というライト層に訴求

▼

プラン	①公式アカウントの運用 ②キャンペーンの実施

らにはブランディングのため、アニメファンとしてはライト層の、〝アニメも好きなファッション好き〟に訴求するための施策を行いました。

具体的には、公式アカウントの開設と運用、そしてキャンペーンの実施です。

先に挙げました鈴木栄光堂の事例では、キャンペーンはフォローとリポストで行いましたが、スーパーグルーピーズでは、フォロー・「いいね」・コメントとしました。フォローと「いいね」をした上で、コメントをした人から抽選で、投稿した写真にあるグッズをプレゼントするものです。

すると、平均フォロワー数が84の1098人がこのキャンペーンに参加してくれ、コメント欄には情熱的なファンのコメントもあふれました。

「いいね」とコメントという『承認の値』に焦点

プラン①　公式アカウントの開設・運用

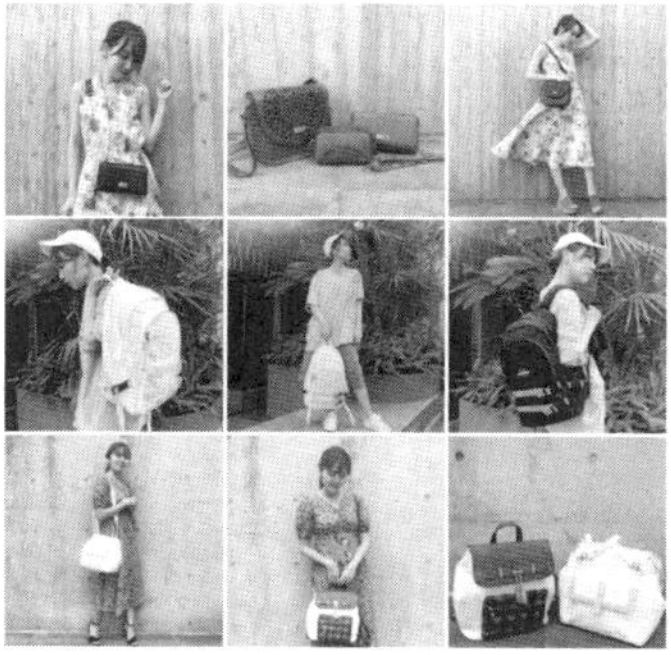

「Super Groupies」のアカウントを開設。
コンセプトは
“ファッションにアニメを”
大好きなアニメを日常のファッションに取り入れたシーンを訴求。

インスタグラムアカウント開設にあたり、ファッションをテーマに世界観を統一させたことにより、新規ユーザー層を獲得。

をあてたキャンペーンでしたが、この値に絞ったのには理由があります。それは、もともとゲームやアニメのファンは、ツイッターで盛んにコミュニケーションをしている一方で、インスタグラムでの活動はそれほど活発化していなかったことです。こうした状況で、先の鈴木栄光堂の事例のように、フォロワー数を増やそうとしても、なかなか難しいと判断しました。まずはゲームやアニメのファンに、インスタグラムという場でも、ツイッターでいつもやっているように、自由にコメントしてもらおうと考えたのです。

このキャンペーンにより、公式アカウントの一投稿あたりの『承認の値』は、平均で1・44から58・59にまで上昇しました。フォロ

プラン②　キャンペーンの実施

アカウント開設後、
「フォロー・いいね・コメントキャンペーン」を実施。
フォロワーの獲得とアカウントの活性化を図る。

キャンペーン参加者数　1098人

平均フォロワー　84フォロワー

**Twitterなどの別プラットフォームで高い熱量で活動していたユーザーを Instagramアカウントに引き込むことに成功。

承認の値はアカウント運用開始前の約41倍に!**

Super Groupiesアカウント運用開始前後での承認の値の変化

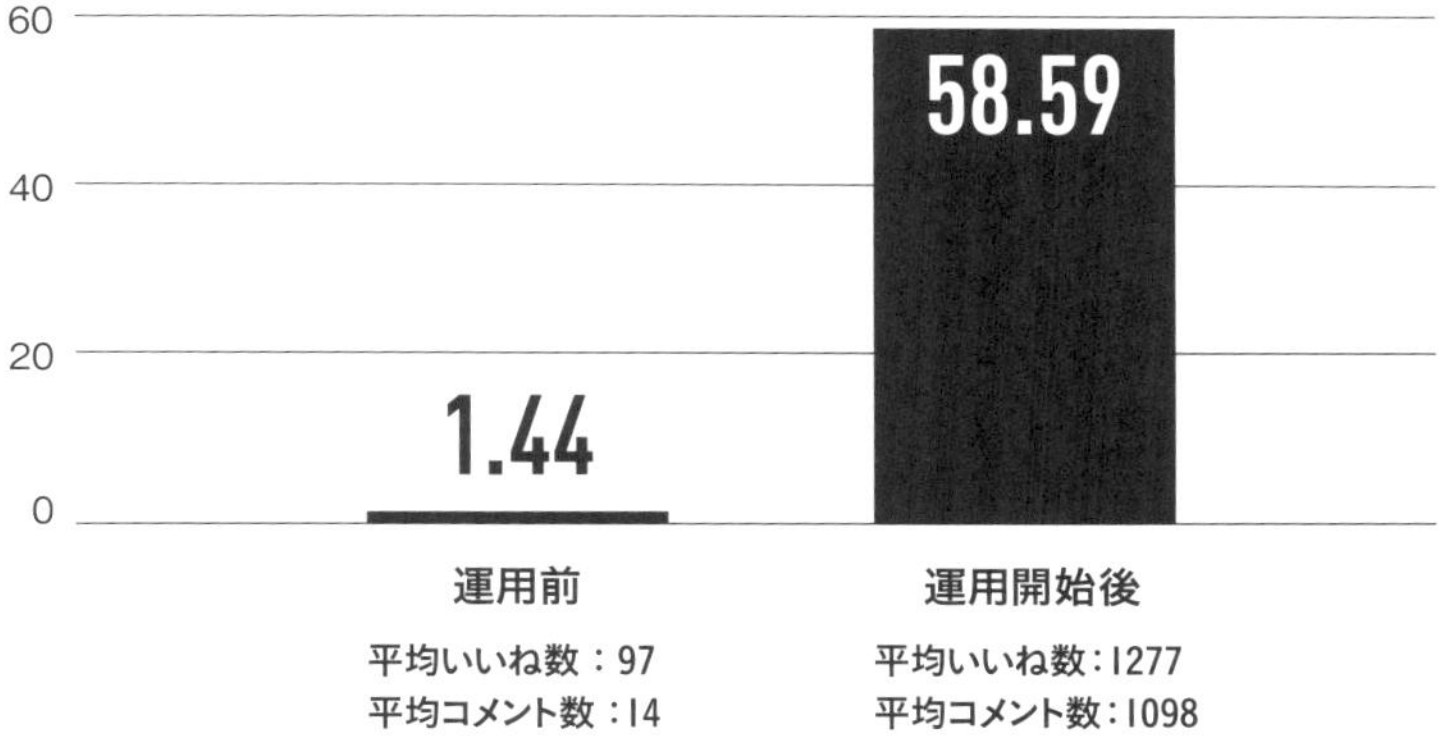

アカウント開設から現在までの結果

プラン

①公式アカウントの開設・運用
②キャンペーンの実施

❯❯❯

約8カ月で
1万1900フォロワー増加
平均Eng数が
97➡507にUP

**プロモーション実施後
インスタグラム上での新規ファン獲得により、売り上げ増加。
紹介した浴衣は、当時5月にもかかわらず即完売となった。**

ワー数も約8カ月間で1万２０００近くにまで増加しました。

こうしたキャンペーン実施後の5月、在庫に残っていた前年モデルの浴衣を公式アカウントで紹介したところ、即座に完売しました。

共感指数全体を底上げして再ブランディング

ＨｅＭはバッグを中心としたアパレルブランドです。１９９９年のデビュー直後は、学生など10代から20代の若者から大きな支持を得ていました。

それから20年が経ち、２０１８年、インスタグラムで、20代から30代の〝大人可愛いオシャレ女子〟からの共感と支持を得るためのキャンペーンを行いました。

目的	・アパレルブランドHeMの認知拡大 ・リブランディング

ブランドイメージの再構築で新規のファンも獲得！

▼

プラン	① 公式アカウントの運用 ② キャンペーンの実施 ③ インフルエンサー施策の実施

鈴木栄光堂の事例では『印象の値』、スーパーグルーピーズの事例では『承認の値』に特化しての取り組みでしたが、今回は、全体的な底上げを狙っている事例です。

公式アカウントを開設したのは、前の2つの事例と同じです。ＨｅＭブランドの商品が写っていない写真も織り交ぜて『印象の値』を高く保ちながら、生活に寄り添うブランドであり、高級感がありながら手が届くブランドであるというイメージを創出していきます。写真作りには、インフルエンサーのアイデアや意見も反映されています。

こうして公式アカウントの運用をしながら、リポストキャンペーンを展開しました。

公式アカウントの存在を広く知ってもらうには、ハッシュタグキャンペーンで『発見の値』を

プラン①　公式アカウントの運用

コンセプトは
“大人可愛いオシャレ女子”をターゲットに、
生活に寄り添うブランドである
HeMの世界観を訴求する
クリエイティブを提案。

明確なコンセプト設定で、
高級感を保ちながらも
手に届くブランドイメージを創出

上げていくという方法もあります。しかし、ハッシュタグを効率的に見つけてもらおうとするなら、まずは『影響の範囲の値』と関係するフォロワーを増やす必要があります。そこで、まずはリポストによって公式アカウントの存在を確実に、広く知ってもらう手法を採りました。

また、リポストに使える画像は、3種類を用意しました。同じブランドのバッグにもそれぞれ、カジュアル寄り、モード寄り、ガーリー寄りといった特徴があります。これはまさに、インフルエンサーの特徴そのものです。雑誌に商品のPRを依頼するときには、数あるラインアップの中から、その雑誌に合ったものを選抜するは

プラン②　キャンペーンの結果

ずです。それと同じことです。そして、これは『印象の値』に関連します。

こうして、キャンペーン参加への敷居を下げたところ、２８４人が参加しました。しかも、この２８４人の平均フォロワー数は９５０です。インスタグラムユーザーのフォロワー数は２００以下であることが一般的です。それに比べると９５０というのは驚異的な数といえます。なぜ、ここまでフォロワー数の多いユーザーが参加したのか。私は、先ほど書いたように、画像を3種類用意したからだと分析しています。

３つの画像のうち、どれかひとつだけをリポストすればいいというのと、ひとつしか用意されていない画像をリポストしなければばらないというのとでは、与えられた自由の大きさが異なります。ひとつだけ用意された画像が美しいものであったとしても、その画像の世界観と自分がこれまで構築してきた世界観が異なると、リポストをためらうインフルエンサーは非常に多くいます。多くのインフルエンサーにキャンペーンに参加してほしければ、できるだけ自由を与えるべきだと何度か書いてきましたが、１種類ではなく3種類用意した画像が、その自由の象徴です。

また、「この画像ならリポストしてもいい」「これはしたくない」と、世界観に強いこだわりを持つインフルエンサーほど、フォロワーとの間に強い共感を得ています。一方で、画像がどのような世界観を描いているかについて無関係にリポストキャンペーンに参加する人、つまり、画像の表現する世界観にこだわりの少ないユーザーは、あまりフォロワーを得られず、エンゲージメントも高められません。キャンペーンを展開するなら当然、後者ではなく、前者を増やす工夫をすべきです。

この施策の結果、リーチ数は26万９８００にも達しました。

こうしてフォロワー数が3週間で１２００にまでに増え『影響の範囲の値』が十分に広がったところで、今度は『参考の値』の向上に努めます。キャプションで、90年代の終わり頃に大ブームを巻き起こしたブランドであることなどを解説し、当時のほかの流行にも言及しながら、かつての記憶がある人には懐かしい共感を呼び起こします。

こうした施策の結果、インフルエンサーが投稿した写真に写っていたＨｅＭのキャリーケースについて、ネット通販で購入できるかどうかをコメント欄で公式アカウントに問い合わせる人や、ＨｅＭの新しい商品を購入し、使っている様子を投稿するまさに〝大人可愛いオシャレ女子〟が出てきました。

それだけでなく、「10年以上前に買った」ものの、クローゼットに眠っていたＨｅＭのバッグについて「今年復活できる？」と言及する投稿まで登場し、再ブランディングがうまくいったことがわかりました。

インフルエンサーには得意分野がある

どの値を上げたいかで、選ぶインフルエンサーは変わる

3つの事例をご覧になると、インスタグラムでのマーケティングとはどのようなものか、企業側はどのような準備をする必要があるのか、そこにインフルエンサーがどのように関与するのか、具体的なイメージがつかめてきたのではないかと思います。

なかには、さっそくマイクロインフルエンサーを探し出し、キャンペーンを展開したいと考える方もいるでしょう。

チャプター3で解説したように、インフルエンサーの年齢や興味を持っている分野などで、影響を与えられる範囲も異なってきます。まずは、インフルエンサーが得意とし、興味を持っているジャンルから当たりを付け、「この人なら」と思ったインフルエンサーを見つけたら、その人がどの程度の共感指数を得られる投稿をしているか確認します。

最終的な目標は「共感指数の高い投稿によって共感を呼びたい」というものであっても、商品やサービス、あるいは、ブランドの属性や現在の立ち位置によって、共感指数の５つの要素のうちどれを重視するか、そして、どのようなインフルエンサーを起用するか、戦術は異なります。

インスタグラム上での存在感がまだまだ小さな商品やサービスをマーケティングしたいのであれば、まずは『影響の範囲の値』を拡大することを最優先すべきで、インフルエンサーの中でも、フォロワー数が多い人が強い味方となるでしょう。

『印象の値』を重視するのであれば、写真の技術やスタイリングに長けているとか、自宅に自然光の入るスタジオのようなスペースを持っているとか、ロケにも気軽に出かけて誰も見たことのないような背景で写真を撮れて、実際に過去に『印象の値』の高い投稿をしているインフルエンサーを選ぶべきです。

『参考の値』を重視するのであれば、言葉の力が強いインフルエンサーが最優先です。伝えたい情報をもれなく、しかし押しつけがましくなくまとめて記述できるかできないかは大きな違いです。また、キャプションでの呼びかけがコメントを誘起することも多いので、『承認の値』を重視するのであれば、『参考の値』は決して無視できない要素です。

また『発見の値』を重視するのであれば、時流に合ったハッシュタグを難なく付けられるインフルエンサーと組むべきです。

実は私たちは、インフルエンサーを育成するため、インフルエンサーを講師とした研修のような取り組みを行ったことがあります。インフルエンサーになりたい人たちを対象に、写真の撮り方、キャプションの書き方、ハッシュタグの付け方などを指導し、実際の投稿を添削もしました。

そうすると、指導に当たったインフルエンサーの投稿に良く似た投稿はできるようになるのですが、どうしてもコピー感がぬぐえず、講師役を超えるのはかなり難しいという実感を得ています。

これも、インフルエンサーが一般的なタレントやアイドルとは少し異なるところです。タレントやアイドルは、所属事務所などによってプロデュースされている側面が強くありますが、インフルエンサーの場合は、自分で自分をプロデュースしています。自分が備えるセンスと、積み重ねてきた経験による自分ならではの価値観を発露し、共感してもらいたいという意志。そしてそれを実現する共感指数の高い投稿を生み出す能力。この二つを兼ね備えた人だけが、現在、インフルエンサーとして活躍しているというのが実態です。

インフルエンサーの選定フローは3段階

チャプター3でも、起用すべきインフルエンサーの選び方について言及しましたが、ここでは、共感指数も考慮した上での選定フローについて解説します。

共感指数まで考慮すると、インフルエンサーの選定フローは3段階に大別できます。それは、①インフルエンサーによる選定プロセス②フォロワーによる選定プロセス、そして、③共感指数による選定プロセスです。

具体的な例を挙げてそのプロセスの違いを見ていきます。

インフルエンサーによる選定のプロセスには、まず、プロモーションの狙いが大きく影響します。

たとえば、30代女性をターゲットにしたモード系のアパレルブランドが、新ラインの認知拡大のため、春夏物の展示会にインフルエンサーを招待したい、というケースで考えてみましょう。

モード系のレディースブランドといっても様々なので、たとえば、通常着用しているトップスの価格が2万５０００円から3万円程度という情報も、この選択の段階では大いに参考になります。また、ブランド側からは、フォロワー数が1万以上のインフルエンサーを希望されていたとしましょう。

この場合、最初の選定段階では、ブランドの希望するとおり、まずはフォロワー数での絞り込みが発生し、続いてジャンル（ここではファッション）の絞り込みが起こります。さらに、ファッションには様々な分野があるので、この場合はモード系です。年齢層的には30代前後、性別は女性、そして、日本での展示会に招待するので日本在住であることが条件となります。

ここまでが、広く一般に取られている①インフルエンサー選定のプロセスです。

次に待ち受けるのが②の、そのインフルエンサーのフォロワーに注目した選定のプロセスです。同じくらいの数のフォロワーを持つ、モード系ファッションに強い日本在住の30代女性であっても、そのフォロワーがどのような人たちなのかまでは同じではありません。そこで、フォロワーのインサイトに注目するのです。

たとえば、フォロワーの男女比や年齢層、居住地がそうです。

クライアントは30代女性向けのアパレルブランドなので、男性やほかの年齢層のフォロワーの比率が高いインフルエンサーより、30代女性の比率が高いインフルエンサーの方が適しています。また、モード系と一言で表現しても、この分野もまた細分化されているのが現実なので、より共感を得られそうなフォロワーを多く持っているインフルエンサーを起用するべきです。

ただ、このプロセスには工数がかかります。フォロワーが1万以上なら、それぞれについてどのようなフォロワーなのかを分析する必要があるからです。この選定プロセスを経たほうがより広く、深い共感を得られることに間違いありませんが、現実問題としては、①の選定プロセスを補充する役割を果た

インフルエンサー 選定フロー

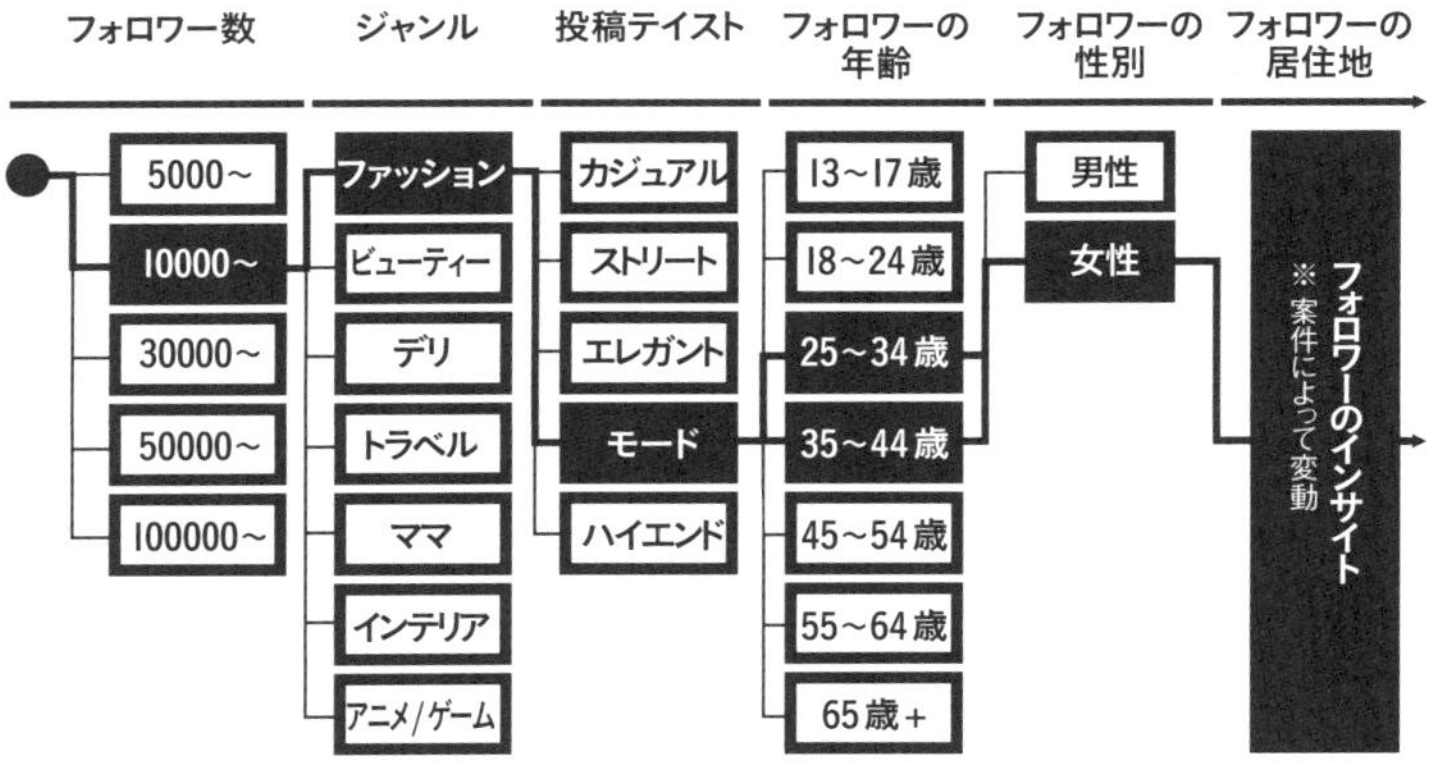

与件　新ラインの認知拡大を目的に春夏物の展示会にインフルエンサーをアサイン

商材　モード系レディースブランド

トップスで２万5000~３万円程度のランク

インフルエンサーの条件　１万フォロワー以上

しています。

そして③の共感指数による選定も十分に検討すべきです。

共感指数には5つの指標がありますが、それぞれの指標が果たす役割は異なります。ここで例に挙げたようなファッションというジャンルでは『印象の値』が大きければ大きいほど効果が高いことはいうまでもないでしょう。多少ほかの値、たとえば『参考の値』を大きくすることはそれほど得意でなくても、『印象の値』を大きくする能力を持っているインフルエンサーがいるならば、そのインフルエンサーを起用するべきです。

一方で、ビジュアルの要素に乏しい商材、たとえば金融や保険のサービスの場合は『印象の値』よりも、『参考の値』が重視されるべきです。フォロワーから信頼された上で共感を得たければ、画像よりも言葉を工夫すべきだからです。

共感指数をインフルエンサーの投稿の評価基準に採用すると、「『参考の値』がいくつくらいを狙えるインフルエンサーが望ましい」「今回は『発見の値』を重視したい」といった、より具体的な選定ができるようになります。これが、私たちが共感指数の確立に取り組む大きな理由のひとつです。共感指数の採用は、より適切なインフルエンサーマーケティングの展開に貢献します。

インフルエンサーはどこへ行くのか

インフルエンサーからソーシャルオーソリティーへ

現在、インスタグラムは格好のインフルエンサーマーケティングの場となっています。それを今後、中心となって担うのが、インフルエンサーです。

では、今後、インスタグラムのユーザー層やインフルエンサー像が変化していく中、インフルエンサーマーケティングはどのような変化を遂げていくことになるでしょうか。

ここで、ひとつの数字を比較したいと思います。

すでに何度か紹介してきた、２０１５年時点と２０１７年時点での、インフルエンサーの比較です。15年、インフルエンサーの多くをフリーランスの人たちが占めていました。モデル業などを営む個人事業主が、主戦場をインスタグラムに移してきたというイメージです。

ところが、17年になると会社員の比率がやや高まっています。これは、インフルエンサーがより一般的になり、多くの人にとって身近な存在になったということだと、私たちは解釈しています。昨今、副業や兼業に関する話題が尽きることがありませんが、平日の昼間は会社員として働き、それ以外の時間をインフルエンサーとしての活動時間に充てる人たちが、実感としても増えています。

インフルエンサーとしての月収が、15年の約10万円から17年には約8万円に減っているのも、一般的なインスタグラムユーザーがインフルエンサー化しつつあるからだと考えられます。

こうしたインフルエンサーの変貌は、今後、より多くのインフルエンサーの誕生を予感させます。そして、その一方でインフルエンサーとして成熟し、その立ち位置を自覚した新しい振る舞いも期待されます。

現在のインフルエンサーの多くは、自己表現の場としてインスタグラムを選び、フォロワーを増やしてきた人たちです。しかし、インスタグラムという場がマス化し、市場化していくなかで、企業の活動の一翼を担うインフルエンサーとしての活動を期待され、実際にその期待に応えてきました。経済社会と直接的につながり、そのなかでのポジションを確立してきたのです。

すると、その確立したポジションを活かし、インスタグラムという〝国〟の外でも能動的に、適切な形で社会と関わるインフルエンサーも出てくるでしょう。

インフルエンサーは、多くの人から深い共感を得る能力を持ち合わせた人たちです。そうしたインフルエンサーは、その能力をより多くの場で発揮したいと考えるようになるでしょう。

そして、社会もインフルエンサーを無視できなくなり、自社商品やブランドのＰＲだけでなく、様々な局面で、インフルエンサーと手を携え、新しい価値の共創に取り組んでいくこと

Instagram ユーザーのペルソナ（2015年）

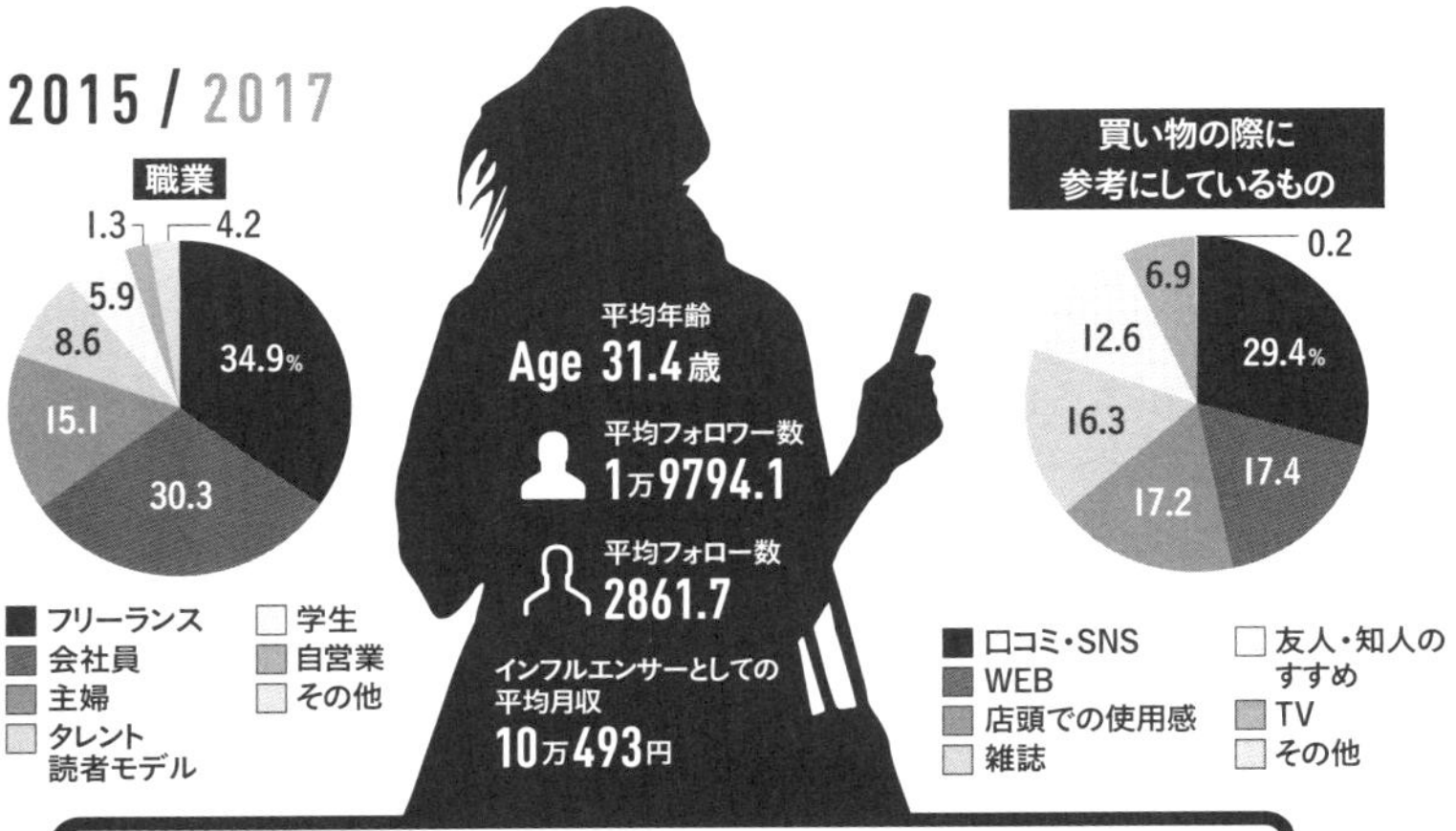

Instagram が昔と変わったと思っている点

- ビジネスツールのひとつとして使用されるようになった
- 自撮りが増えた。カメラ女子が増えた。カラフルな食べものが増えた
- イケてない投稿が増えた

（リデル調べ）

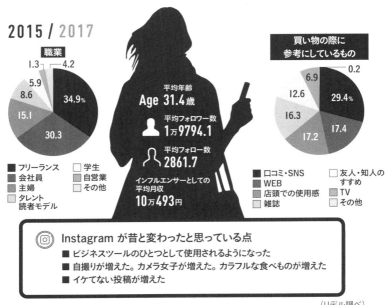

になるでしょう。たとえば、普段は会社員として働きながら、ファッションに関して多くの共感を得てきたインフルエンサーが、アパレルと共同でオリジナルブランドを創設する。たとえば、普段は専業主婦だけれど、食に関する情報を積極的に発信してきたインフルエンサーが、食に関するエッセイを出版する。

このように、インスタグラムで自分の価値観を開示し、多くのフォロワー、そして共感を獲得してきたインフルエンサーは、その活動の場をインスタグ

Instagram ユーザーのペルソナ（2017年）

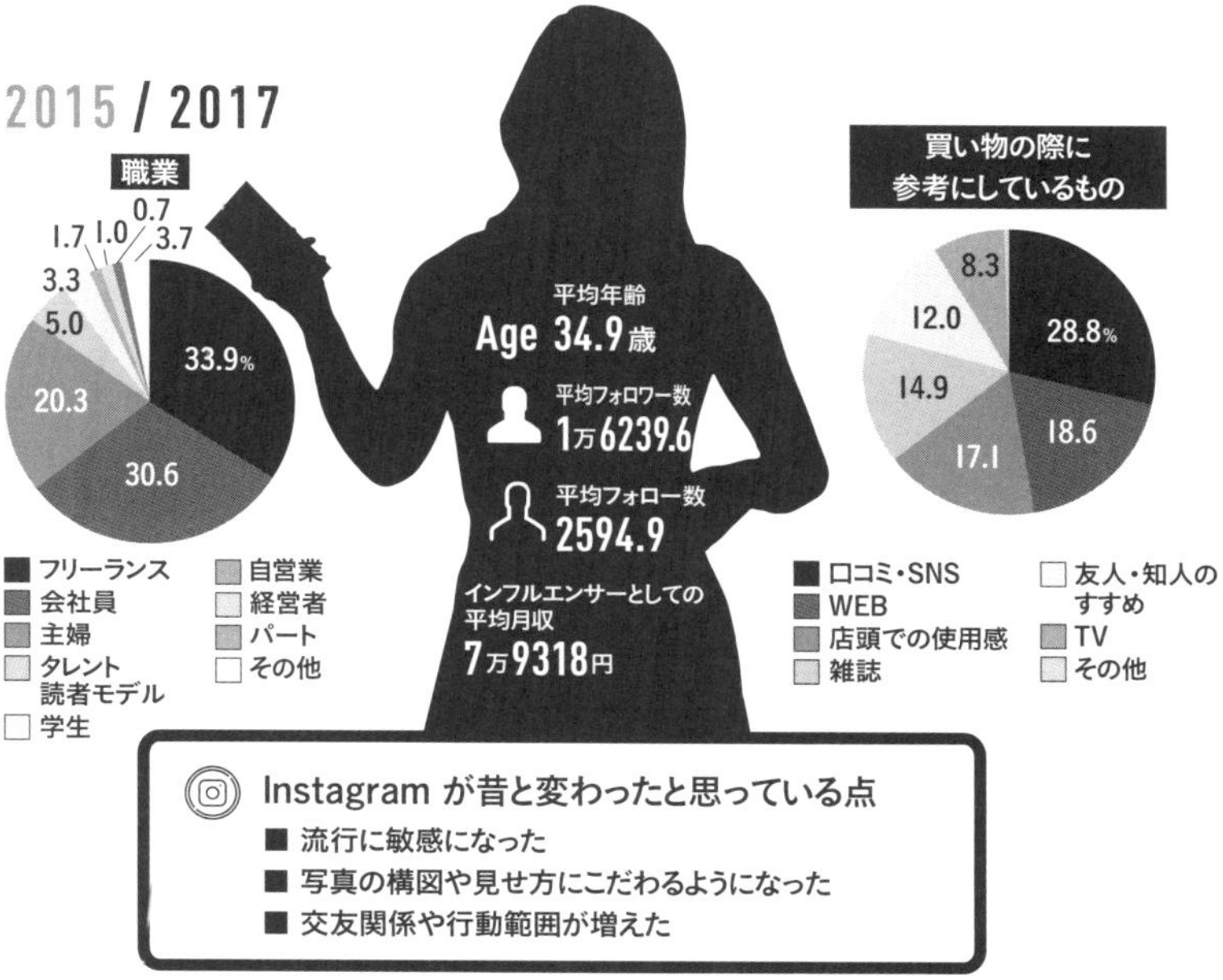

（リデル調べ）

ラムの外にも広げ、それまでの会社員や専業主婦といった立場とは別の、企業と対等に向き合うフリーランスという立場で、社会に貢献していくようになるでしょう。

私たちはこうした、社会における新しい関係構築のハブとなる存在を『ソーシャルオーソリティー』と呼びます。

ソーシャルオーソリティーは自らの力で広げた活動の場で、共感の輪をますます広げていきます。すると、ソーシャルオーソリティーに影響され、共感した人たちの数も増え、個々のソーシャルオーソリティーと、そのソーシャルオーソリティーのフォロワーともいうべき人たちの間に共感が生まれます。

それだけでなく、ソーシャルオーソリティーとソーシャルオーソリティーとの間にも、共感が広がっていくでしょう。こうした新しい関係は、価値観を互いに認め合い、異なる価値観を互いに理解しようとする気持ち、利他的な振る舞いにつながります。

その先にあるのは、単に得か損かで合理的に判断される従来の経済に変わり、心の経済に立脚する社会です。

かねてより私は、消費はマーケティングのゴールではなく、共感を得るためのひとつのプロセスに過ぎないと考えてきましたが、その思いはこうした変化を目の当たりにする今、ますます強くなっています。

私たちリデルではこれまで、企業のインフルエンサーマーケティングをサポートし、インフルエンサーの成長を支援してきました。

これからもその姿勢に変わりはありませんが、今後は、インフルエンサーの価値観を共にクリエイトし、流通させ、プロモーションする『価値観のＳＰＡ（specialty store retailer of private label apparel）』と呼べる事業も手がけていきます。

折しも、副業や兼業が話題となっており、パラレルワークが

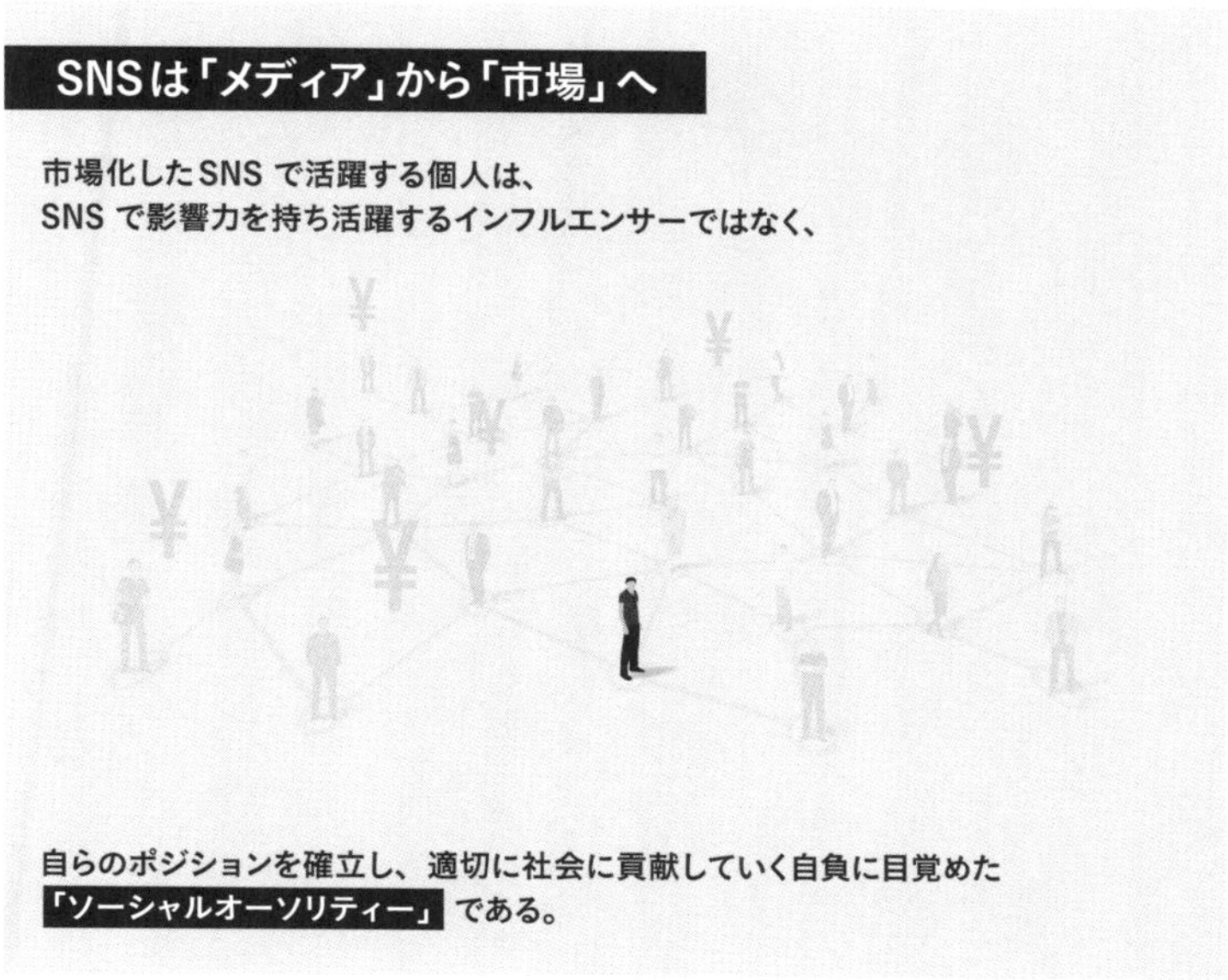
SNSは「メディア」から「市場」へ
市場化したSNSで活躍する個人は、
SNSで影響力を持ち活躍するインフルエンサーではなく、
自らのポジションを確立し、適切に社会に貢献していく自負に目覚めた
「ソーシャルオーソリティー」である。

当たり前になる時代ももうすぐそこまで来ています。そのときに、ソーシャルオーソリティーとして働く人たちを、私たちリデルはサポートしながら、ソーシャルオーソリティーマーケティングを展開していきます。

Chapter 06> 共感指数を上げるための適切なインフルエンサー選び

Chapter 07

インフルエンサーマーケティングの現在と未来

- インスタグラムは「発見」のためのメディアに
- 共感獲得には、クリエイティブの出来栄えも重要

収録日／2018年10月10日

対談

長谷川 晋氏

フェイスブック ジャパン代表取締役

福田晃一

LIDDELL株式会社　代表取締役CEO

ここまで、インスタグラムというプラットフォーム上でのインフルエンサーマーケティングについて述べてきました。そのプラットフォームの運営側は、インスタグラムでのマーケティングについてどのように捉え、展開していこうとしているのでしょうか。インスタグラムを運営するフェイスブックの日本法人代表である長谷川晋さんに、現状分析と将来の展望について聞きました。

日本のユーザーは先進的、情報との「付き合い方」を開拓

福田晃一（以下、福田）：インスタグラムと言えば、２０１７年に流行語になった「インスタ映え」に象徴されるように、写真や動画を投稿するソーシャルプラットフォームです。ただ、かつてはライフイベント的な写真を投稿している人が多かったのに比べ、最近は、撮影対象を作り込んで、それによって見る人の関心を引き、共感を得ようとする投稿が増えていると感じています。

長谷川 晋氏（以下、長谷川）：私たちは、インスタグラムはビジュアルコミュニケーションを通じて、大切な人、好きなものとつながることのできるプラットフォームだと思っています。利用者のニーズや使い方に合わせて新しい機能を追加するなど、常に進化を続けています。

福田：そして、発見のメディアにもなってきたと感じています。20代から30代の若い世代では、インスタグラムを検索サイトとして使っています。僕らの調べでは、この世代の本書で定義しているインフルエンサーの70％以上が、商品やサービスはまずインスタグラム

で検索するという使い方をしています。

長谷川：確かに、検索はとてもされています。ただ、何か具体的なものを検索するためだけでなく、自分自身の好きなことを発見し、より深く理解し、つながりたい。そういった大きな活動の一環として、検索が使われていると思っています。

特に日本のユーザーはハッシュタグで検索することが多く、その回数はグローバルの平均の3倍に上ります。また、単に数が多いだけでなく、ビジュアルから「行ってみたい」「買ってみたい」というインスピレーションを促される傾向があります。

福田：インスタグラムの使われ方、親しまれ方はある意味で、とても日本的なものを感じます。「好きなものでつながる」、つまりその先進的な行動変容のカギとなるものこそが、共感なんでしょうね。そして今後、さらに行動変容を促進するであろう機能として、日本でも「ショッピング」という機能が実装されましたし、米国では予約決済の仕組みを一部導入していますね。

長谷川：まさに、ビジュアルには発見の先のアクションを促す力があるという手応えを感じています。２０１８年10月からは、インスタグラム上でレストランの予約までをシームレスにできるような仕組みを導入しました。今は、この部分の機能拡充にも注力しています。

福田：それにしてもなぜ、日本のユーザーはインスタグラムでそんなに検索するのでしょうね。本書でも少し触れていますが、この「検索」における、利用者の世代と使うメディアの違いについて、なかなか面白い調査結果を得ました。「商品やサービス」「出来事」「最も信頼できる情報源」など、テーマによって各世代の重視するメディアが異なっているんです。ユーザーもたくさんの情報ソースとのうまい付き合い方を開拓している時代だと思いました。

長谷川：そこについては、正確なデータがあるわけではないのですが、おそらく、日本がモバイル先進国であり、ビジュアルコミュニケーション先進国であることが影響していると思います。日本の人は、スマホの登場前から、音楽鑑賞も買い物も占いもモバイルでやってきているので、モバイルで新しいことをするのに抵抗感がなく、それが先進性につながっているのかなと思います。

それから、世界に名だたるカメラブランドが日本発であることに、ビジュアルと日本の国民性になんらかの親和性を感じています。絵文字もそうですよね。フェイスブックでも２０１６年から「いいね！」だけでなく「超いいね！」「うけるね」などの感情表現ができ

るようになっていますが、あれも日本の絵文字文化からインスピレーションを受けて追加した機能で、今では世界中のフェイスブック利用者22億7000万人が利用しているものです。

モバイルシフトは進み
コミュニケーションの中心に

福田：なるほど。僕は現在のソーシャルメディアが獲得したポジションは、直近20年に渡るSNS発展の流れと、それに伴うユーザーつまり生活者が使いこなす過程で、SNSの進化を後押ししてきたと考えています。ほかに、日本ならではの使われ方はあ

ります か。

長谷川：大きなトレンドは変わりませんが、ストーリーズでの自己表現にも、日本のユーザーはすぐに慣れ親しんで、アクティブに投稿するし、見るようにもなっています。動画の投稿数も2018年に入って、世界で毎日8000万件に達するほど動画シフトが起きています。ただ、これを「動画がトレンド」と解釈するのでは不十分かなと思っています。これは、人と人とのコミュニケーションが進化し、多様化しているということだと思うのです。

福田：おっしゃる通りです。動画もまた瞬間的な共感に基づくコミュニケーション手段として発展していますね。それこそ携帯電話が登場したときから拍車がかかったわけです。

長谷川：その時代に、たとえば東京の目黒川沿いにでかけてサクラがきれいだったら「目黒川のサクラがきれいだよ」とテキストで、その状況を共有していたと思うんですね。そのうち、ガラケーにカメラがつくと、写真で撮って送るようになって、コミュニケーションはテキストからビジュアルにシフトしました。そして、スマホが普及した現在は、一人ひとりがビデオカメラを持つようになったのと同じです。僕が小さな頃は、祖父がビデオカメラと映写機を持っているだけで町のヒーローでしたが、今はもう日本国民のうち約

6000万人がモバイル＝小型のビデオカメラを持っているのと同じ感じで、目黒川のサクラもそれで撮影して、インスタグラムに投稿して共有しているんですね。

福田：そうした時代の変化と、共感のために使われるサービスやツールの変化は僕自身も肌で感じてきました。同時に、そうした変化の節目ごとに「知らせたい！」という人の強い欲求と情熱が、いつの時代も変化にドライブをかけてきたことも欠かせません。

長谷川：インスタグラムでもこうした動きに即した機能改善を強化してきたのですが、テキストからビジュアル、ビジュアルからビデオという大きなトレンドのど真ん中にいたから、ここまで来たのだと思っています。

福田：さて、米フェイスブックはＶＲの分野のリーディングカンパニーである米オキュラスを買収しましたが、そのトレンドの先にはＶＲがあるということでしょうか。

長谷川：ええ、そうだと思います。ＶＲのゴーグルを装着すると、目黒川にいる人と同じようにサクラを楽しめる。そういった新しいコミュニケーション、つながり方が生まれていくと思っているので、「動画」や「ＶＲ」など、一部を切り出して見るべきではないと考えています。

福田：そうした変化、進化が進むと、デジタルでのマーケティングはどのように変化していくと見ていますか。

長谷川：一番は、モバイルシフトだと思います。私は3年前からこの仕事をしていますが、その前は13年間、事業会社でマーケティングやマネジメントに携わっていました。その経験と照らし合わせても、やはりモバイルだと思っています。

世界中で50億人以上が携帯電話を持っています。回線ベースでは80億以上です。この数は、指標によっては歯ブラシを持っている人の数、水洗のトイレにアクセスできる人の数よりも、携帯電話にアクセスできる人のほうが多いといわれています。

すると、モバイルシフトはもう、ほぼ完了していて、世界に浸透しきっているといえます。ですから、企業のビジネス活動やマーケティング活動のど真ん中はモバイルになるべきだと思っています。

福田：実際、スマホの普及率はこの5年間ほどで爆発的に高くなりました。僕の実感では、モバイルシフトは高い確率でほぼ完了している印象です。インスタグラムもそのど真ん中にふさわしい形に進化していきますか。

国や文化を超えるマーケティング、牽引役はインフルエンサー

長谷川：そうですね、モバイルマーケティングを牽引できるポジションにあると思っていますので、今まさに、変化を起こしているところです。

モバイルは、ほかのチャネルとはクリエイティブの見られ方などがまったく異なるので、モバイルならではのフォーマットがあると思っています。たとえば、インスタグラムのストーリーズ広告は全画面表示になるので、モバイルの全画面を使って何かを伝えることができますし、カルーセル広告（横にスライドして複数の写真や動画を表示できる）の

「『共感』がマーケティングを変える 投稿の効果を数値化して『形式知』に 」

ように、より幅の広い情報を伝えるのに適したフォーマットを用意しています。

　それから、この本のテーマである〝共感〟にも関連すると思うのですが、我々のプラットフォームは、オーガニックな投稿も広告も、なるべく一人ひとりに最も意味のあるものを見てもらいたいという発想でやっています。だからこそ、弊社プラットフォームをマーケティングに活用する企業にとっては、自社のサービスやブランドが刺さりそうな人を優先的にターゲティングし、しっかりコミュニケーションができます。

　モバイルは画面が小さいので、意味がないと思われた情報はスキップされてし

「人と人とのコミュニケーションが進化
動画シフトはその代表例」

まいますから、いかにその人個人に共感される、意味のあるものを見せられるかが勝負になります。もちろんクリエイティブの力も大きいのですが、アルゴリズムや人ベースのターゲティングという特徴があるため、きちんとビジネスに貢献できるマーケティングが可能です。

また、これもこの本のテーマである「共感」と大いに関係することですが、私は、共感は地理的要素を考慮した上で捉えるべきものではないかと思っています。

福田：地理的要因と言えば、私は、インスタグラムに決済の機能が付いたことで、これは新しいひとつの国が誕生したことを意味し、この国で経済活動を続けていくには、この国にふさわしいマーケティングが必要だと感じています。もはやコミュニケーションのプラットフォームという見方だけでは測れない時代の到来を感じています。新しい文化を手にした、自律した個人がニューエコノミーを切り拓いていくＳＮＳという新興国に適したマーケティングが必要ですよね。

長谷川：たとえば、私が事業会社にいたときには、米国で事業をやりたい、インドで事業をやりたいとなると、まずはそこまで出向いて、そこの商習慣を知って、様々なディスカッションを重ねた上で契約を結ぶという格好で、現地にあらゆる機能を持ったチームを置く必要がありました。

ところが、今はこの部屋にいながら、スマホ1台からでも、フェイスブックなら22億７０００万人、インスタグラムなら10億アカウントに対して自社のサービスやブランドを発信し、共感してもらえるし、そういう人を見つけ出して、直接、コミュニケーションできる時代なんですね。これは非常に大きな変化です。

福田：既存の国、文化圏ごとではなく、まさに、個人向けマーケティングになっていくということですね。この点を牽引する存在が、まさにインフルエンサーなのかもしれません。そうした可能性に気付いている企業は多そうですか。

長谷川：まだ、グローバル展開は昔のモデルでしかできていないところも多いと思います。今は、まったく別の目線でグローバルコミュニケーションができる時代です。これから2020年の東京五輪に向けて、日本のブランドやサービスは世界に顔を見せる絶好のチャンスを迎えます。五輪の後も、ファンに残ってもらって、買い続け、使い続けてもらう。これからはこうしたことがキーになっていくので、日本から、世界中から共感を呼べるようなブランドを押し出していくことにも、今、大きなパッションを持っています。

福田：ただ、共感というのはなかなか測るのが難しくて、どういったものがどのような人から共感を呼べるのかについては、数値化ができません。私たちの共感指数は、暗黙知を形式知にする試みです。共感指数の採用でこの点が解消可能となるだけでなく、共感を集めやすい個人に、ますます光が当たっていくと考えています。

共感を獲得するには「親指を止める」クリエイティブを

長谷川：なるほど。私は、いかにしてユーザーの親指を止められるかに関心を持っています。モバイルという環境では、企業がいかに作り込んだ動画を作って、それが見た人の共感を得られるものだとしても、それ以前に、親指を止めて目を留めて見てもらえなくては始まりません。まずは知ってもらい見てもらい、それから共感してもらい、購買などのアクションにまでつなげていくことが重要になっていくと思っています。

ただ、これはそんなに甘いものではないんですね。従来のマーケティングにおけるテレビコマーシャルのように、長時間かけて人もお金もたくさん投入して作り上げた渾身の1本のほうにまだまだ重きが置かれていると思います。

一方で、モバイルマーケティングの世界では、動画は一カ月に1本作ればいいというものではなく、もっとペースは速くなりますし、パーソナライズもしたほうがいいですから、本数も増えます。

これからは、モバイルの世界ならではのクリエイティブが重要ですし、ここについて様々な企業と一緒に新しいものを作っていきたいと考えています。

福田：僕らの共感指数でも、ぱっと目を惹くクリエイティブの評価が、なかなか難しいんです。共感指数を構成する5つの要素のうち、クリエイティブの評価軸と多様な人の感性からくる複雑な世界は、とても深淵です。だからこそ、「人間」は面白いわけですが。

長谷川：そこが解明できたら、ヒーローですよ。どうしたら親指を止められるのか。これを考えるようになったことで、クリエイティビティーというものの定義が変わってきていると感じています。

福田：僕らはそうした完全には解明しきれないものにある「共感」が常にカギであると考えています。そして、それを巧みに活用してSNSをリードしていく個人、インフルエンサーは、ますます関係構築のハブとしてアドバンスしていくと見ています。今日はありがとうございました。

（本文中敬称略）

Personal power to the people／個人の力が人々のために

昔から人付き合いに対して、気にして、気になって、人の心の機微を気にしすぎる心配性な性分だったように思います。

この人はどうすれば喜ぶのだろう。この人にはどのような言葉を発すれば一番理解してもらえるのだろう。ごく普通の何の気ないコミュニケーションに対しても敏感に振る舞っていたように思います。

それには失敗も多くあり、自分の固定された観点から始まるコミュニケーションの限界に悩むことも多々ありました。

そして奇しくも、若年層マーケティングと芸能プロダクションという〝人の関係性を主軸とした事業〟を開始していくのです。

マーケティングとは大衆心理なのだと事業を行いながら、心理学を学びに学校にも通いました。

人間関係を考えすぎて鬱になり、仕事ができなくなったこともありました。人で傷つき、人によって癒やされていく、皆がそうかもしれませんが、自分は特にセンシティブにそう歩んできたように思います。

事業でも人間関係に注力したプロジェクトを推進していき、その渦中で経営に奮闘していました。

そして、前職のツインプラネットを手放し、今のリデルに至ります。

リデルでは、今までのエンターテインメントと広告・マーケティングの知識と経験を活かした事業を展開したいと思いました。

そして、これまでのそれはアナログな手法であったため、当たり前ですが、スケール的にも時代的にもイノベーション的にもデジタル化が必要不可欠でありました。

けれどもデジタル化、法人としてＩＴ企業を立ち上げていくことに不安もありました。

ＩＴには程遠いアナログでエモーショナルな事業を行ってきましたので、システムとテクノロジーの分野は無知で恐怖でしかありませんでした。

芸能業界とＩＴ業界という両極で対峙しているような業界への進出です。

様々なＩＴ業界のカンファレンスに参加してみたり、プログラミングを習ってみようかと検討してみたり、ＩＴ関係の友人に相談したりと悪戦苦闘を繰り返して行くなか、辿り着いた主戦場が「ソーシャルメディア」だったのです。

私のイメージでソーシャルメディアは、デジタルでもありアナログでもある、ロジカルでもありエモーショナルでもある境界線のような場所でした。

人と人がつながり関係し合い、リアル体験を共有し、共感を重ねていく場所。

「ここだ！」と思いました。

今までやってきたエンターテインメント、マーケティングも活かし、デジタルを踏襲していく。

無知の領域であるデジタル・ＩＴ分野もソーシャルメディアであれば戦える。

ソーシャルメディアが今までやってきたこととこれからやるべきことの舞台に成り得ると確信したのです。

そして、その場所で影響力を持つ人「インフルエンサー」という存在を創り上げていく構想に、曇天な不安は一気に晴れ、どんどん企画が溢れてビジョンへと行き着きました。

個人の可能性がツールやデバイスのデジタル化と様々なテクノロジーによって拡張され、思う存分発揮できる時代となりました。
多様性やリベラルな社会を望む個人も増えてきました。
そして、利己と利他の葛藤から新たな価値が生まれるという考えに至ったのです。

「Personal power to the people／個人の力が人々のために」
このような世の中になるよう志を持ちました。

これを実現するために、消費の先にある価値観への共感をゴールにしたマーケティングに舵を切り、消費の先という、企業ではなく個人が主役の経済の形を描きます。

「消費の先にある個人が主役の共感経済」に行き着いたのは、十数年エンターテインメント事業に従事していたからだと思います。


先日、仲間同士で「そもそもエンターテインメントってなんだ?」という議論で盛り上がったことがありました。

最近では、「○○をエンターテインメントする」などと〝エンターテインメント化〟をよく耳にします。

しかし、エンターテインメントするという言葉は使い勝手がよく、とてもカジュアルに使い倒されているという気もします。


エンターテイメントとは、エンターテインが名詞化したものですが、そのエンターテインとは、enter(間)を保つ(tain)が転じて、

楽しませるという意味になったようです。（参考・英語便利辞典／小学館）

特に日本人は「間」を大切にしていると思います。

たとえば剣道や柔道の「間のとり方」の重要性、茶道ではおもてなしの所作にはふんだんに「間」が組み込まれています。

間が抜けると愚かに見え、時間に間に合わなければ迷惑をかけ、間の悪い人は空気を濁すといったように、間という言葉の用法は広くあります。

このような「間」を意識する日本人は、余白とも言える隙間といった精神的なゆとりを重んじているのでしょう。

時には〝遊びが大切〟と表現していたり、インスタグラムのクリエイティブには〝想像の余地〟が必要といったりしていました。

「間」の意識は、自分と相手とのインターフェイス（接触面）であり、価値観と価値観が共感するつながりの関係なのだと思います。

そして、人と人の間柄を重視する、それが人間であり、さらにその人間と人間の世の中を世間といい、自分と相手を意識する人間関係が社会関係として構築されています。

本書の共感マーケティングというのは、この「間」を考え、「楽しませる」とするために「心のつながりを支える＝共感」がとても大切だということが根底にあるメッセージです。

ソーシャルメディアにより、個人の影響がオープンになり、そこから表現される価値観に共感するというつながりに至るコミュニケーションによって、コミュニティーが生まれています。

このコミュニティーの中にある共感データをアナリティクスしたマーケティングはますます活発になり大きなポイントになると思います。

このアナリティクスというのは、「(結び目を) すっかりほどくこと」を意味するそうです。

複雑に絡み合い結びついたことをほどくことが、アナリティクスなのです。

ソーシャルメディアでは、フォローやエンゲージメントなどという結び目が幾多にも絡み合い形成されてコミュニティ化しています。

そのコミュニティという関係構築の場をマーケティングするならば、それを一つひとつ個人レベル（最初のひと結び）まで紐解くことが必要なのです。

結局、シンプル（個人）からコンプレックス（複雑＝関係構築＝コミュニティー）はできていて、最初のひと結びの仕組みを知ることが全体を捉えることになると思います。


インフルエンサーは、様々なオリジナルの結び方を駆使してできた関係構築の結果、コミュニティー（フォロワー）を持っています。

インスタグラムはＳＮＳからマスメディアへと変貌を遂げ、さらに市場まで昇華したと考えています、であればインフルエンサーはマスメディアの編集長からコミュニティーの長、いうなればギルド（商工業者の間で結成された各種の職業別組合）のリーダーに変貌を遂げていると考えられます。

そんなインフルエンサーとそのコミュニティーに対してマーケティングアプローチする場合に、ダイレクトな結果を端的に求め、コンバージョンなど直接的な売り上げ目的として、アプローチしていくことは不向きなのです。

マスメディアを活用した大量一斉情報投下によるアプローチとは別物で、全員を渾身のワンクリエイティブで同じ方向に向かすことが難しく、各インフルエンサーの一つひとつのクリエイティブを尊重していくことが結果につながっていくのです。

インフルエンサーはメディアと捉えることができますが、そのメディアには意志があるのです。

間をつかむ、共感をつくるための、心のつながりを支える何かがそれぞれにあるのです。

これを今まで以上に考えることが必要で、インフルエンサーを理解しコミュニケーションしていくことが成功につながっていくと思います。

そしてもうひとつポイントがあります。

ソーシャルメディアは現実社会の擬似的リプレイスの場なので、現状とてもプリミティブだということです。現実社会は数千年の歴史がありますが、ソーシャルメディアの歴史は数十年です。現在のソーシャルメディア時代がどのような状態にあるのか、いかにしてユーザーがつながりを形成しているか、俯瞰的に歴史年表を見るかのように捉えることが肝心です。

このシンプルが複雑になり、関係構築が多重していくなか、初めて多様性というものの重要性に気づくのだと思います。

多様性というものは、互いの観点・価値観を理解し統一に向かう手段であり、究極は一様性に向かうのではないかと思います。

弊社リデルでは、ソーシャルメディア／インフルエンサーマーケティングの前に、パーソナル・マーケティングがメインビジネスコンセプトにあります。

人と人との関係性の産物である世間に対して物理的事象だけではなく心理的事象がどのように作用しているかを探究していく、それをマーケティングして行き着く先は、〝共感経済〟と言えるものだと思います。

ＡＩ、５Ｇ、ブロックチェーン、ロボット、複合現実…ますます先進テクノロジーが発達しエコシステムのデジタル化が進む中だからこそ、それらを創り出す人、その心に基準点を置きたいのです。

個人が共感によりつながりを拡張していく、プロセスごとマーケティング活用していく、その持続可能な発展と共にこれからも歩んでいきたいと思います。

二〇一八年一一月十五日

福田　晃一

福田 晃一（ふくだ こういち）

LIDDELL Inc.
代表取締役CEO

1979年高知県生まれ。読者モデルを活用したコミュニティマーケティングを展開し、芸能プロダクションとマーケティングによるハイブリッド企業・株式会社ツインプラネットを創業。人気タレントの輩出や多数のトレンドを創出、多彩な戦略で「ヒト売れ」なる消費トレンドを築き2014年、インフルエンサーマーケティングのパイオニアとなるLIDDELL 株式会社を設立。2万人のインフルエンサーが活躍するプラットフォーム「SPIRIT」をはじめとする多様なC to Cマーケティングプラットフォームを事業化し、価値観のインフラへと成長するSNS時代に即したソーシャルオーソリティー事業を推進。著書に「買う理由は雰囲気が9割」（2017、あさ出版）」がある。

共感マーケティングのすすめ

2018年12月10日 第1版 第1刷発行

著者 福田晃一

発行者 杉山俊幸

発行 日経BP社

発売 日経BPマーケティング

〒105-8308 東京都港区虎ノ門4-3-12

装丁 小口翔平+岩水香穂〈tobufune〉

本文レイアウト エステム

図版デザイン RAW DESIGN INC.

印刷・製本 図書印刷株式会社

 ISBN 978-4-296-10131-3 Printed in Japan